La Pesanteur et la Grâce

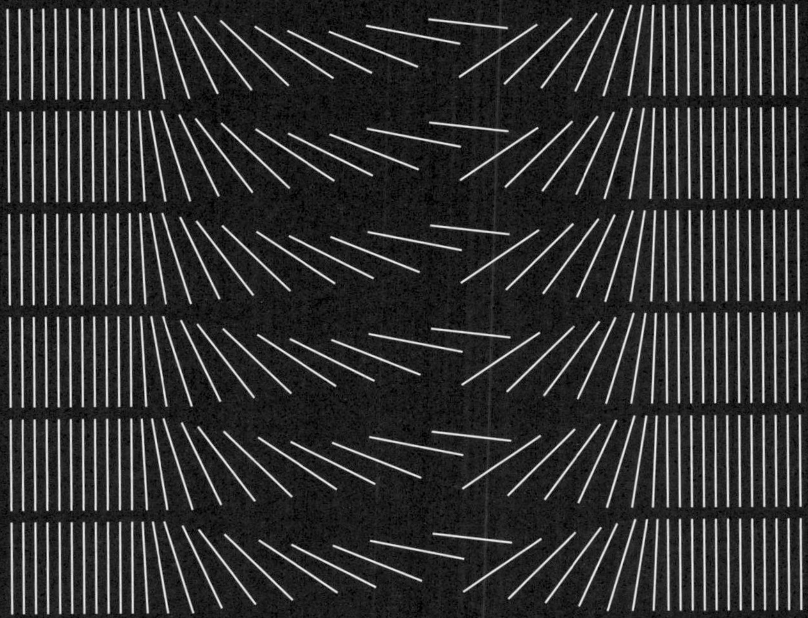

옮긴이 윤진

아주대학교와 서울대학교 대학원에서 프랑스 문학을 공부했으며, 프랑스 파리 3대학에서 박사학위를 받았다. 옮긴 책으로 『자서전의 규약』 『페르디두르케』 『사탄의 태양 아래』 『위험한 관계』 『목로주점』 『문학 생산의 이론을 위하여』 『알렉시·은총의 일격』 『주군의 여인』 『파울리나 1880』 『루』 『만』 『물질적 삶』 『에로스의 눈물』 『태평양을 막는 제방』 등이 있다.

채석장
중력과 은총

제1판 제1쇄 2021년 11월 26일
제1판 제6쇄 2024년 11월 8일

지은이 시몬 베유
옮긴이 윤진
펴낸이 이광호
주간 이근혜
편집 김현주 최대연
펴낸곳 ㈜문학과지성사
등록번호 제1993-000098호
주소 04034 서울 마포구 잔다리로7길 18(서교동 377-20)
전화 02)338-7224
팩스 02)323-4180(편집) 02)338-7221(영업)
전자우편 moonji@moonji.com
홈페이지 www.moonji.com
ISBN 978-89-320-3924-4 03160

중력과 은총

La Pesanteur et la Grâce

시몬 베유

윤진 옮김

문학과지성사

일러두기

1　이 책은 Simone Weil, *La Pesanteur et La Grâce*, Paris : Plon, 2019를 우리 말로 옮긴 것이다.

2　본문의 각주는 모두 옮긴이가 붙인 것이다.

3　단행본, 정기간행물은 『 』로, 논문은 「 」로 구분했으며, 연극, 회화 등의 작품은 〈 〉로 표시했다.

차례

중력과 은총

영혼의 모든 **자연적** 움직임은 물질계의 중력 법칙과 유사한 법칙들에 의해 지배된다. 은총만이 예외이다.

초자연이 개입하는 경우가 아니라면, 모든 일은 중력에 따라 일어난다고 예상해야 한다.

두 가지의 힘이 우주를 지배한다. 빛과 중력.

중력. 일반적으로 우리가 남들에게 받기를 기대하는 것은 우리 안의 중력으로 결정된다. 우리가 남들에게서 받는 것은 그들 안의 중력으로 결정된다. 이 둘이 (우연히) 일치하기도 하지만, 대개의 경우 일치하지 않는다.

어째서 한 인간이 다른 누군가를 조금이든 많이든 필요로 한다고 드러내는 순간에 상대는 멀어지는가? 중력.

리어왕, 중력의 비극. 우리가 저급하다고 지칭하는 것은 모두 중력의 현상이다. 저급함이라는 용어 자체가 말해준다.

한 행동의 목적과 그 행동을 하는 데 필요한 에너지의 수위. 서로 다른 것.

어떤 일을 해야만 한다. 필요한 에너지를 어디에서 얻을까? 아무리 훌륭한 행동이라도 그것과 같은 수위에서 사용 가능한 에너지가 없으면 인간을 저급하게 만들 수 있다.

저급한 것과 피상적인 것은 같은 수위에 있다. "그는 열렬히 그러나 저급하게 사랑한다"는 말은 가능하다. "그는 깊이 그러나 저급하게 사랑한다"는 말은 불가능하다.

똑같은 고통이라도 저급한 동기보다는 고귀한 동기에서 견디기가 더 어렵다면(달걀 한 알을 얻기 위해 새벽 한 시부터 아침 여덟 시까지 꼼짝 안 하고 서 있을 수 있지만, 한 사람의 생명을 구하기 위해서 그렇게 하기는 힘들다), 고귀한 덕보다 저급한 덕이 어떤 면에서 역경과 유혹과 불행의 시련을 더 잘 이겨낼 수 있다. 나폴레옹의 군사들. 군사들의 사기를 유지 혹은 진작하기 위해 잔혹한 방식이 사용된 것은 그 때문이다. 사기 저하와 관련하여 잊지 말고 기억할 것.

일반적으로 낮은 쪽이 강하다는 법칙을 증명하는 한 가지 예이다. 중력은 그 법칙의 상징이다.

식량을 얻기 위하여 늘어선 줄. 같은 행동이라도 동기가 고귀할 때보다는 저급할 때가 더 쉽다. 저급한 동기에는 고귀한 동기보다 많은 에너지가 들어 있다. 저급한 동기에 부여된 에너지를 어떻게 고귀한 동기로 옮길 수 있을까?

내가 두통에 시달릴 때 심한 통증이 밀려오면 다른 사람 이마의 같은 곳을 때려서 아프게 하고 싶은 강렬한 욕망에 사로잡히기도 했음을 기억할 것.

유사한 욕망을 인간에게서 흔히 볼 수 있다.

나도 몇 번 그런 상태에서 유혹을 이기지 못하고 남에게 상처 주는 말을 던진 적이 있다. 중력에 복종한 것이다. 가장 큰 죄. 그러면 사물들 사이의 관계를 표현해야 하는 언어의 기능이 훼손된다.

애원하는 자세. 반드시 나 자신 아닌 다른 것을 향해 돌아서야 한다. 자기 자신으로부터 벗어나야 한다.

스스로의 에너지를 사용하여 자기 자신에게서 벗어나려고 애쓰는 것은 암소가 발목에 찬 족쇄를 끌고 가다가 무릎이 꺾이고 마는 것과 같다.

그 경우 자기 안의 에너지를 풀어주기 위해 거친 힘을 동원하느라 오히려 에너지가 손실된다. 열역학적 의미에서의 상쇄. 위로부터가 아니라면 결코 벗어날 수 없는 지옥의 악순환.

인간의 정신적 에너지의 원천은 육체적 에너지(음식, 호흡)와 마찬가지로 외부에 있다. 인간은 보통 그 원천을 찾아내기에 자신의 존재가 (육체와 마찬가지로) 자체 안에 보존 원리를 지닌다는 환상을 갖게 된다. 결핍이 있어야 비로소 욕구를 느낀다. 결핍 상태에서는 먹을 수 있는 것이면 무엇에나 달려든다.

단 한 가지 치료법. 빛을 양분으로 삼는 엽록소.

심판하지 말 것. 모든 과오는 동등하다. 빛을 양분으로 삼는 능력을 갖지 못했다는 단 하나의 과오가 있을 뿐이다. 그 능력이 없어지면 모든 과오가 가능하다.

"나의 양식은 나를 보내신 분의 뜻을 행하는 것이니."*

이 능력 외에는 아무것도 없다.

중력이 개입하지 않는 움직임으로 하강하기. 중력은 하강하게 하고, 날개는 상승하게 한다. 제곱의 힘을 가진 다른 날개가 중력 없이 하강하게 할 수 있을까?

창조는 중력의 하강 운동, 은총의 상승 운동, 그리고 은총의 제곱의 힘이 행하는 하강 운동으로 이루어진다.

은총은 하강 운동의 법칙이다.

* 「요한복음」 4장 34절.

낮아지기, 정신적 중력에서 그것은 올라가기이다. 정신적 중력은 우리를 높은 쪽으로 떨어뜨린다.

너무 큰 불행에 빠진 인간은 연민조차 얻지 못한다. 혐오, 두려움, 경멸이 있을 뿐이다.

연민은 어느 정도까지만 내려가고, 그 이하로는 내려가지 않는다. 애덕愛德의 사랑은 어떻게 그 아래까지 내려갈까?

그렇게 낮게 떨어진 사람들은 스스로에 대하여 연민을 지닐까?

빈자리와 보상

인간 역학. 고통을 겪는 사람은 언제나 (다른 사람을 괴롭히거나 동정심을 유발하는 식으로) 자신의 고통을 알리려고 애쓴다. 고통을 줄이기 위한 일이고, 그렇게 하면 정말로 고통이 줄어든다. 제일 낮은 곳에 있는, 아무도 불쌍히 여겨주지 않는, 그 누구도 괴롭힐 힘이 없는 사람의 경우(아이가 없거나 자기를 사랑해주는 사람이 없는 경우), 고통이 내면에 남아 그대로 독毒이 된다.

이것은 중력과 마찬가지로 절대적이다. 어떻게 벗어날 수 있을까? 중력 같은 것에서 어떻게 벗어날 수 있을까?

악惡을 자기 밖으로 퍼뜨리려는 성향. 나도 여전히 가지고 있다! 나에게 인간과 사물 들은 그다지 성스럽지 않다. 내가 온전히 진흙으로 변한다 해도 아무것도 더럽히지 않기를. 생각으로라도 아무것도 더럽히지 않기를. 나는 최악의 순간이 와도 그리스의 조각상 하나, 조토*의 프레스코 벽화 하나 파괴하지 않으리라. 그런데 무엇 때문에 다른 것을, 예를 들어 한 인간의

* Giotto di Bondone(1267년경~1337). 르네상스기의 피렌체 화가. 아시시 성당의 '성 프란체스코전傳' 벽화에 참여했고, 파도바의 예배당에 〈애도〉를 비롯한 성화를 그렸다.

삶에서 행복한 시간이 될 수 있을 순간을 파괴하겠는가?

어떤 사람이 우리에게 해를 끼쳐 우리가 낮아지게 만든다면 그를 용서할 수 없다. 우리를 낮아지게 한 게 아니라 실제의 수준을 드러내주었다고 생각해야 한다.

타인도 자기와 똑같이 고통 받기를 바라는 욕망. 사회가 불안정한 시기를 제외하면, 가난한 사람들의 원한이 같은 처지의 사람들을 향하는 것은 그 때문이다.

사회의 안정이 유지되게 하는 한 가지 요인이기도 하다.

고통을 자기 밖으로 퍼뜨리려는 성향. 너무 약해서 타인의 동정심을 불러일으키지도 타인에게 해를 끼치지도 못할 때, 인간은 **자기 안의 우주의 표상**에 해를 끼친다.

그럴 때는 아름답고 선한 모든 것이 모욕이 된다.

타인에게 해를 끼치기. 그것은 타인으로부터 무엇인가를 받는 것이다. 무엇을 받는가? 해를 끼침으로써 무엇을 (물론 나중에 되돌려주어야 하겠지만) 얻었는가? 우리가 늘어났다. 넓어졌다. 타인 안에 빈자리를 만듦으로써 우리 안의 빈자리를 채웠다.

자기는 아무 탈 없이 타인에게 해를 끼치기. 예를 들어 아랫사람에게 화풀이하고 당한 쪽에서는 아무 말도 할 수 없는 상황. 자기는 에너지를 아끼고 남이 대신 쓰는 셈이다. 어떤 욕망이든 부당한 방법으로 충족된 경우라면 모두 똑같다. 그런 식으로 절약된 에너지는 곧 줄어든다.

용서하기. 우리는 그러지 못한다. 누군가 우리에게 해를 끼치면 우리 안에서 반응이 일어난다. 복수의 욕망은 기본적인 균형을 되찾으려는 욕망이다. 균형을 다른 차원에서 찾을 것. 혼자 힘으로 그 한계까지 가야 한다. 그래야 빈자리에 닿게 된다. (하늘은 스스로 돕는 자를 도우리라.)

두통. 때로 통증을 우주를 향해 던져버리면 조금 줄어든다. 하지만 그럼으로써 우주가 변질된다. 통증을 제자리로 되돌리면 더 심해지지만, 내 안에 고통 받지 않는 것이 있어서, 변질되지 않은 우주와 계속 접촉한다. 정념에 대해서도 마찬가지로 행할 것. 즉, 정념들을 끌어내려 한 점에 모아야 한다. 그런 뒤에 더는 관심 갖지 말 것. 무엇보다 모든 고통을 그렇게 다루어야 한다. 고통이 사물들에 다가가지 못하게 할 것.

균형의 추구는 나쁘다. 상상의 일이기 때문이다. 복수. 복수를 해서 적을 죽이거나 고통스럽게 만든다 해도 어떤 의미에서는 상상에 지나지 않는다.

자신의 나라*를 위해, 가족과 친구들을 위해, 부자가 되기 위해, 사회적 지위를 높이기 위해 살던 사람. 전쟁이 일어나 노예로 끌려가면, 그때부터는, 영원히, 오직 살아남기 위해서 극한까지 힘을 짜내야 한다.

끔찍하고 견디기 힘들다. 그래서 더없이 하찮은 목적이라도, 설령 옆에서 일하는 다른 노예를 벌 받게 하겠다는 목적일지라도 무조건 매달린다. 더 이상 목적을 선택하지 못한다. 물에 빠진 사람이 나뭇가지에 매달리듯 어떤 목적에나 매달린다.

나라가 무너진 뒤 노예로 끌려간 사람들에게는 과거도 미래도 없었다. 그들은 무엇으로 마음을 채웠을까? 거짓, 가장 미약하고 가련한 욕심. 그래서 나라를 지키려고 목숨 걸고 싸웠던 이들이 십자가형의 위험을 감수하며 닭 한 마리를 훔쳤다. 틀림없다. 아니라면 그토록 잔인한 형벌이 필요하지 않았을 것이다.

그러지 않으려면, 생각 속의 빈자리를 견뎌낼 수 있어야 했다.

불행에 빠졌을 때 그 불행을 응시할 수 있는 힘을 가지려

* 원어는 고대 그리스의 도시국가를 뜻하고 종교적 이상향의 뜻으로도 쓰이는 'cité'다. 시몬 베유는 사회적인 것으로서의 국가nation와 달리 우리가 뿌리내리고 살아가는 나라pays를 이 용어로 가리킨다.

면 초자연의 양식이 필요하다.

지나치게 가혹한 상황이 인간을 저급하게 만드는 것은 고귀한 감정들이 제공하는 에너지는 (대체로) 그 양이 제한되어 있기 때문이다. 그 한계를 넘어서야만 할 때, 에너지를 더 많이 갖고 있는 저급한 감정들(두려움, 욕심, 혹은 기록을 세우거나 외적인 명예를 얻으려는 마음)의 힘을 빌리게 된다.

도중에 뒤돌아선 많은 경우가 그러한 한계로 설명된다.

선善을 사랑해서 고통스러운 길로 들어섰지만 결국 한계에 이르러 타락하고 마는 사람들의 비극.

길을 가로막는 바위. 욕망이 어느 강도를 넘어서면 아예 바위 자체가 없어진 것처럼 그대로 달려든다. 아니면 자기 자신이 존재하지 않는 것처럼 그냥 가버린다.

욕망 안에는 절대적인 것이 있고, 욕망이 좌절되면(에너지가 다하면) 그 절대적인 것은 장애물로 옮겨 간다. 패배자, 억압받는 사람들의 마음 상태가 그렇다.

(어떤 것이든) 한계가 있음을, 초자연의 도움 없이는 그 한계를 극복할 수 없음을, 극복한다 해도 겨우 넘어선 것에 지나지 않음을, 나중에 끔찍하게 낮아지는 대가를 치르게 됨을 알아

둘 것.

동기를 제공하던 대상이 사라짐으로써 풀려나는 에너지는 언제나 더 낮은 곳으로 향한다.

저급한 감정들(시기, 원한)은 손실된 에너지이다.

보상은 어떤 형태로 주어지든 에너지의 손실이다.

선을 행한 한 후에(혹은 예술작품을 만든 후에) 느껴지는 자기 만족은 상위 에너지의 손실이다. 그래서 오른손은 모르고 있어야…*

보상은 전적으로 상상으로 이루어진 것일지라도(루이 14세의 미소) 우리가 쓴 에너지에 대한 정확한 등가물이다. 실제로 주어진 보상이 넘치거나 모자랄 수밖에 없는 것과 달리, 상상의 보상은 자신이 쓴 에너지와 똑같은 가치를 갖는다. 따라서 **상상의 이득**만이 무한한 노력을 위한 에너지를 제공한다. 하지만 루이 14세는 실제로 미소를 지어야만 한다. 그가 미소 짓지 않는 것은 너무 심한 박탈이다. 왕들은 대부분의 경우 상상적인 보상만을 줄 수 있다. 아니면 빚더미에 앉게 될 것이다.

* 「마태오복음」 6장 3절. "네가 자선을 베풀 때에는 오른손이 하는 일을 왼손이 모르게 하라."

종교도 어느 정도 마찬가지다. 루이 14세의 미소를 얻지 못하는 우리는 우리에게 미소 지어줄 신을 만들어낸다.

혹은 우리 자신을 찬양한다. 우리가 쓴 에너지와 등가의 보상이 필요하기 때문이다. 중력과 마찬가지로 피할 수 없다.

사랑을 받고 나서 저버리는 사람. 나는 그에게 편지를 썼다. 그가 답장에 쓴 것은 내가 그의 이름으로 나 자신에게 말한 것일 수밖에 없다.

사람들이 우리에게 빚진 것은 바로 그들이 우리에게 줄 거라고 우리가 상상한 것이다. 그 빚을 탕감해줄 것.

사람들이 우리의 상상력이 만들어낸 것과 다르다는 사실을 받아들이는 것은 신의 자기희생을 본받는 일이다.

나 역시 나 스스로 상상하는 것과 다르다. 그 사실을 아는 것이 바로 용서다.

빈자리를 받아들이기

"어떤 존재든 언제나 자연의 필요에 따라 자신의 힘을 모두 사용한다는 사실을 우리는 신들에 관련해서는 전승으로 믿고, 인간들에 관련해서는 경험으로 알고 있다"(투키디데스*). 영혼은 기체가 그렇듯이 자기에게 주어진 공간을 전부 차지하려 한다. 수축해서 빈자리를 남기는 기체는 엔트로피 법칙에 어긋난다. 그리스도교의 신은 여기에 해당되지 않는다. 야훼가 자연적인 신인 데 반해 그리스도교의 신은 **초자연적**인 신이다.

가진 힘을 모두 사용하지 않기, 그것은 빈자리를 견디기이다. 모든 자연법칙에 어긋난다. 오직 은총만이 할 수 있다.

은총은 채운다. 하지만 은총은 받아들이기 위한 빈자리가 있는 곳에만 들어온다. 그 빈자리도 은총이 만든다.

우리에게는 보상이 필요하다. 준 것과 같은 가치의 것을 받아야 한다. 그 필요를 억누르고 빈자리를 남겨두면 불을 피우려고 일으키는 바람이 화덕에 들어오듯 초자연의 보상이 찾아온다. 다른 대가가 있을 때는 초자연의 보상이 오지 않는다. 빈자리가 초자연의 보상을 불러온다.

* Thucydides(B. C. 5세기경). 고대 그리스의 역사가로 『펠로폰네소스 전쟁사』를 썼다.

빚을 면제해주는 것도 마찬가지다(남이 우리에게 피해를 끼치면서 진 빚만이 아니라, 우리가 베푼 선행 때문에 남이 지게 된 빚도 해당된다). 그럴 때도 우리 안에 빈자리를 받아들여야 한다.

자기 안에 빈자리를 받아들이는 것은 초자연적인 일이다. 대가 없는 행동을 하기 위한 에너지를 어디에서 얻을까? 에너지가 다른 곳에서 와야 한다. 하지만 우선 뜯어내야 한다. 필사적으로 해야 하는 일이다. 우선 빈자리가 만들어져야 한다. 빈자리. 어두운 밤.

칭송과 동정(특히 이 두 가지가 섞인 것)은 실제의 에너지를 가져다준다. 하지만 그것들을 피해야 한다.

자연적이든 초자연적이든 보상이 없는 시간이 필요하다.

빈자리가 있는 세계의 표상이 있어야만 신이 필요해진다. 이것은 악을 상정한다.

진리를 사랑하는 것은 빈자리를 견디기, 따라서 죽음을 받아들이기를 의미한다. 진리는 죽음 쪽에 있다.

인간은 아주 짧은 섬광 같은 순간에만 세상의 법칙들을 벗어날 수 있다. 정지의 순간, 관조의 순간, 순수 직관의 순간, 정신적 빈자리의 순간, 도덕적 빈자리를 받아들이는 순간, 그런 순간에 인간은 초자연에 이를 수 있다.

한순간 빈자리를 견디는 사람은 초자연의 양식을 받거나 쓰러지거나 한다. 끔찍한 위험이지만 감수해야 한다. 희망 없는 순간이라도 그렇다. 하지만 스스로 그 위험에 달려들어서는 안 된다.

집착에서 벗어나기

집착에서 완전히 벗어나려면 불행을 겪는 것만으로는 충분하지 않다. 위안이 없는 불행을 겪어야 한다. 위안이 있어서는 안 된다. 위안을 생각할 수 없어야 한다. 그럴 때 비로소 형용할 길 없는 위안이 내려온다.

다른 사람이 나에게 진 빚을 면제해줄 것. 미래의 보상을 요구하지 않으면서 과거를 받아들일 것. 시간을 순간에 정지시킬 것. 또한 죽음을 받아들일 것.

"그는 본래 하나님의 모습을 지니셨으나 자신을 비우셨고."* 이 세상을 벗어던질 것. 노예의 본성을 취할 것. 시간과 공간 속의 한 점으로 작아질 것. 무無에 이를 것.

이 세상의 상상적 지배력에서 벗어날 것. 절대적 고독. 비로소 우리는 세상의 진리를 갖게 된다.

물질적인 재화를 포기하는 두 가지 방법.

—영적인 재화를 얻기 위해 물질적 재화를 포기하기.

—물질적 재화를 영적인 재화를 얻기 위한 조건으로 생각하고 느끼면서(예를 들어 굶주림, 피로, 굴종은 지성을 흐리

* 「필리피서」 2장 6~7절.

게 하고 명상을 흐트러뜨린다), 그래도 포기하기.

두번째 종류의 포기만이 전부 벗어던진 영혼의 상태이다.

사실 물질적 재화는 영적인 재화와의 연결 없이 혼자 있다면 그다지 위험하지 않다.

은총 아닌 모든 것을 포기할 것. 은총을 갈구하지 말 것.

욕망의 멸각(불교) 혹은 집착을 벗어나기—혹은 아모르 파티—혹은 절대적 선을 향한 욕망. 모두 같다. 욕망 안에 든 것, 목적지향성 안에 든 것을 비우기, 빈 채로 욕망하기, 소망 없이 욕망하기.

우리의 욕망을 모든 재화에서 떼어낼 것, 그리고 기다릴 것. 그 기다림이 채워지는 것을 경험이 증명한다. 그럴 때 우리는 절대적인 선에 이르게 된다.

언제나 모든 개별적인 대상들을 넘어서서 빈 채로 바랄 것, 빈자리를 바랄 것. 우리가 그려볼 수도 정의할 수도 없는 선은 빈자리다. 하지만 그 어떤 충만함보다도 가득 찬 빈자리다.

그 상태에 이르면 모든 게 해결된다. 신이 빈자리를 채워주기 때문이다. 이것은 오늘날 사람들이 생각하는 지적인 과정이 아니다. 인간의 지성은 그 어떤 것도 발견하지 못한다. 다만 정리하고 준비할 뿐이다. 지성은 저급한 일에만 적합하다.

선은 우리에게 무無이다. 그 어떤 것도 선하지 않기 때문이다. 그렇다고 그 무가 실재하지 않는 것은 아니다. 그에 비하면 오히려 존재하는 모든 것이 비실재적이다.

빈자리를 채우고 고뇌를 달래주는 믿음들을 물리칠 것. 불멸성에 대한 믿음, 죄의 효용성("죄조차도"*)에 대한 믿음. 모든 일을 관장하는 신의 섭리가 있다는 믿음. 한마디로 사람들이 종교에서 얻으려 하는 위안들을 물리칠 것.

트로이와 카르타고의 멸망을 통해 위안 없이 신을 사랑할 것. 사랑은 위안이 아니다. 사랑은 빛이다.

세상의 실재는 우리의 집착으로 만들어진다. 세상의 실재는 우리가 세상의 사물들 속에 옮겨놓은 자아의 실재이다. 결코 외적인 실재가 아니다. 외적인 실재는 우리가 집착을 완전히 벗어나야 비로소 지각할 수 있다. 실오라기만큼 남은 집착도 여전히 집착이다.

하찮은 대상에 집착하게 만드는 불행은 우리의 집착이 얼마나 하찮은지 잘 보여준다. 집착을 버려야 할 필요가 더욱 분명해

* 원문은 라틴어다. "etiam peccata." 모든 것이 함께 작용하여 선을 이루고, 죄조차도 우리를 바른 길로 나아가게 해준다는 믿음이다.

진다.

집착은 환상을 만들어낸다. 실재를 원하는 사람은 집착에서 벗어나야 한다.

어떤 것이 실재임을 알게 되면 더는 집착할 수 없게 된다.

집착이란 결국 실재감의 부족이다. 우리가 어떤 사물을 소유하려고 집착하는 것은 만일 소유하지 않으면 그 사물이 더 이상 존재하지 않는다고 믿기 때문이다. 많은 사람들이 한 도시가 사라져버린 것과 자신들이 그 도시에서 추방되어 다시 돌아가지 못하는 것이 완전히 다른 일임을 절실하게 느끼지 못한다.

시간이 지나도 줄어들지 않는 인간의 비참함은 진정 견딜 수 없으리라.

인간의 비참함이 견딜 수 없는 것이 **되도록**, 줄어들지 않게 할 것.

"그들이 실컷 울고 나서"(『일리아스』).* 극심한 고통을 참을 수 있게 해주는 한 가지 방법.

* 『일리아스』에는 헥토르의 부모가 아들의 죽음을 슬퍼하는 22권, 아들의 시신을 찾으러 나선 23권 등에 '실컷 운다'는 표현이 자주 등장한다. 헥토르를 쓰러뜨린 아킬레우스마저 아들의 죽음을 애통해하는 프리아모스의 모습에 감동받아 실컷 운다.

위로받지 않도록, 울지 말 것.

집착을 버리게 하지 않는 고통은 모두 헛되다. 더없이 끔찍한 고통이다. 황량한 추위, 움츠러든 영혼. 오비디우스. 플라우투스의 노예들.*

우리가 사랑하지만 지금 눈앞에 없는 물건 혹은 사람을 떠올릴 때는 그 물건이 부서졌다고 혹은 그 사람이 죽었다고 상상할 것.

이런 생각 때문에 실재라는 느낌이 없어지지 않길. 오히려 더 강해지길.

"당신의 뜻이 이루어지소서"**라고 말할 때마다, 가능한 모든 불행을 그려볼 것.

스스로를 죽이는 두 가지 방법. 자살 또는 집착을 버리기.

사랑하는 모든 것을 생각으로 죽이기. 죽는 유일한 방법이다. 그러나 꼭 사랑하는 것만을 죽일 것. ("누구든지 아버지

* 오비디우스Ovidius는 고대 로마의 시인으로 연애시들을 많이 썼고, 플라우투스Plautus는 고대 로마의 희극 작가로, 그의 작품 속에는 포로로 잡혀온 노예들이 자주 등장한다.

** 「주기도문」의 구절이다. "아버지의 뜻이 하늘에서와 같이 땅에서도 이루어지소서."

와 어머니를 미워하지 않으면…"*이라는 구절이 있다. 하지만 "원수를 사랑하라…"**는 구절도 있다.)

자신이 사랑하는 것이 영원하기를 바라지 말 것. 한 인간 앞에서 그가 누구이든 영원하기를 바라거나 죽기를 바라지 말 것.

수전노는 재산에 대한 욕심 때문에 그 재산을 쓰지 않는다. 자기 전 재산을 어디엔가 담아 땅속에 감추어놓을 바에야 차라리 신 안에 간직해둘 수 없을까?

신이 우리에게 수전노에게 재물과 같은 의미가 되거든, 신은 존재하지 않는다고 반복해서 외칠 것. 신이 존재하지 않는다 하더라도 신을 사랑한다고 느낄 것.

우리가 신을 사랑하는 게 수전노가 재물을 사랑하는 것과 같지 않도록, 신은 어두운 밤으로 모습을 감춘다.

오레스테스의 죽음을 슬퍼하며 우는 엘렉트라.*** 신이 존재하지 않는다고 생각하면서 신을 사랑하면, 그때 신이 존재를 드러낼 것이다.

* 「루카복음」 14장 26절.

** 「마태오복음」 5장 44절.

*** 소포클레스의 『엘렉트라』에서 엘렉트라는 아버지 아가멤논이 살해당한 후 외국으로 떠난 동생 오레스테스가 돌아오길 기다리다가 그가 죽은 줄 알고 절망한다.

채우는 상상력

상상력은 은총이 들어올 만한 모든 틈을 끊임없이 메운다.

모든 (받아들여지지 않은) 빈자리는 증오, 쓰라림, 고뇌, 원한을 낳는다. 우리는 자신이 증오하는 것이 해악을 겪기를 바라고, 그렇게 상상한다. 그러면 균형이 회복된다.

죽음을 감내하기 위해 승리를 꾸며내는 『에스파냐 유서*Spanish Testament*』*의 민병들, 빈자리를 채우는 상상력의 예이다. 아무것도 얻지 못한다 해도 승리할 명분을 위해서라면 죽음을 감수할 수 있지만, 패배할 명분을 위해서는 그럴 수 없다. 초인만이 아무런 힘도 갖지 못한 것을 위해 죽음을 감수할 수 있다(그리스도의 제자들). 죽음을 생각하는 것은 평형추를 필요로 하지만, 은총이 아닌 평형추는 모두 거짓일 뿐이다.

빈자리를 채우는 상상력은 본질적으로 거짓이다. 그것은 삼차원을 제거한다. 실재하는 사물들만이 삼차원이기 때문이다. 빈자리를 채우는 상상력은 여러 가지 관계를 제거한다.

* 헝가리 출신의 영국 작가 아서 쾨슬러Arthur Koestler(1905~83)의 책으로, 에스파냐 내전에 참전한 경험을 기록한 자서전이다.

실제로 일어나고 있지만 어떤 의미로는 여전히 상상인 것들을 정의내려볼 것. 전쟁, 범죄, 복수, 극단적인 불행.

에스파냐에서 실제로 범죄들이 저질러졌지만, 단순한 자랑거리 같았다.

꿈의 차원과 같은 차원의 현실들.

꿈과 마찬가지로 악에도 다양한 읽기가 없다. 범죄자들이 단순한 것은 그 때문이다.

꿈처럼 밋밋한 범죄에는 두 가지 입장만 있다. 가해자 측과 피해자 측. 악몽 속에서 죽는 것보다 더 무서운 게 있을까?

보상. 마리우스*는 미래의 복수를 꿈꾸었다. 나폴레옹은 후세를 꿈꾸었다. 빌헬름 2세는 차 한 잔을 마시고 싶어 했다. 그의 상상력은 몇 년의 세월을 통과할 수 있을 만큼 강력하게 권력에 매달리지 않았다. 그래서 한 잔의 차를 향했다.

17세기 백성들의 대귀족 숭배(라브뤼에르**). 그것은 빈자리를 채우는 상상력의 결과였고, 돈이 그 자리를 대신하게 되면서 사라졌다. 두 가지 모두 저급하지만, 돈이 더 저급하다.

*　Gaius Marius(B. C. 157?~B. C. 86). 고대 로마의 장군.

**　Jean de La Bruyère(1645~96). 프랑스의 모랄리스트 작가. 당대 귀족 사회의 풍속과 사람들의 성격을 풍자적으로 묘사한 『성격론*Les Caractères*』을 썼다.

어떤 상황에서든 상상력이 정지되면 빈자리가 생긴다(마음이 가난한 자).

어떤 상황에서든 상상력은 빈자리를 채울 수 있다(하지만 때로 많이 낮아지는 대가를 치러야 한다). 이것이 평범한 사람들이 죄수, 노예, 매춘부가 될 수 있고, 온갖 고통을 치르면서도 정화되지 못하는 이유다.

우리 안의 빈자리를 채우는 상상력을 계속 정지시킬 것.

우리가 어떤 빈자리든 받아들인다면, 그 어떤 가혹한 운명이 우리로 하여금 우주를 사랑하지 못하게 가로막을 수 있겠는가.

우리는 무슨 일이 일어나든 우주는 가득 차 있다고 확신할 수 있다.

시간을 포기하기

시간은 영원의 한 형상이다. 하지만 영원의 대용품이기도 하다.

재산을 빼앗긴 수전노. 그가 빼앗긴 것은 얼어붙은 과거다. 과거와 미래, 인간이 가진 유일한 재산.

미래는 빈자리를 채워준다. 때로 과거 역시 그런 역할을 한다(나는 ~였다, 나는 ~를 했다 등). 너무 불행해서 행복을 떠올리는 것조차 견딜 수 없을 때도 있다. 불행이 과거를 빼앗아간 것이다("그보다 큰 괴로움은 없으니…"*).

과거와 미래는 상상의 고양을 위한 무한한 자리를 제공함으로써 불행이 주는 유익한 효과를 가로막는다. 그래서 과거와 미래의 포기가 포기 중에 제일의 것이다.

* 원문은 이탈리아어다. "nessun maggior dolore." 단테의 『신곡』 「지옥」 편에서 애욕의 죄를 범한 죄로 지옥에 온 프란체스카가 하는 말이다("불행할 때 행복했던 옛날을 생각하는 것보다 큰 괴로움은 없습니다").

현재에는 궁극성이 없다. 미래 역시 결국 현재가 될 것이기에 마찬가지다. 하지만 사람들은 그것을 알지 못한다. 우리 안에서 궁극성에 부합하는 욕망의 뾰족한 끝을 현재로 향하게 하면, 그것은 현재를 꿰뚫어 영원에 이를 수 있다.

이것이 바로 절망의 쓰임새다. 절망은 우리가 미래로 향하지 못하게 한다.

기다리던 기쁨이 왔는데 실망할 때가 있다. 미래로부터 기다렸기 때문이다. 미래는 있게 되는 순간에 이미 현재이다. 미래는 계속 미래인 채로 있어야 한다. 영원만이 치유할 수 있는 부조리.

시간과 동굴. 동굴에서 나오기, 집착에서 벗어나기, 즉 더 이상 미래를 향하지 않기.

정화의 한 방법. 신에게 기도하기. 다른 사람들이 모르게 기도하고, 나아가 신이 존재하지 않는다고 생각하며 기도하기.

죽은 이들에 대한 경애심. 존재하지 않는 것을 위해 뭐든지 하기.

누군가의 죽음으로 인한 고통은 빈자리의 고통이고 무너진 균형의 고통이다. 이제 대상 없는, 따라서 보상 없는 노력을 해야 한다. 상상력이 그 자리를 채워버리면 우리는 낮은 곳으로 떨어진다. "죽은 이들의 장사는 죽은 이들이 하게 두라."* 자기 자신의 죽음도 마찬가지가 아닐까? 대상, 보상은 미래에 있다. 미래를 빼앗기면 빈자리가 생기고 균형이 무너진다. 그렇기 때문에 "철학하는 것은 죽음을 배우는 것이다."** 그렇기 때문에 "기도하기는 죽음과 같다."

고통과 피로가 너무 심해서 우리 영혼 안에 그 상태가 끝없이 이어지리라는 느낌이 들 때, 그 끝없음을 받아들이고 사랑하면서 응시하면 우리는 뜯겨 나와 영원에 이르게 된다.

* 「마태오복음」 8장 22절.

** 몽테뉴Michel Eyquem de Montaigne(1533~92)의 『수상록*Essais*』 1권 19장의 제목이다.

대상 없이 욕망하기

정화는 선을 욕심과 떼어놓는 것이다.

욕망의 대상에서 에너지를 떼어놓기 위해 욕망의 근원으로 내려갈 것. 그곳에서 욕망은 에너지로서 진짜다. 대상이 가짜다. 하지만 욕망과 대상이 분리될 때 영혼은 형용하기 힘든 아픔을 겪는다.

우리 안으로 내려가보면, 지금 욕망하는 것을 이미 소유하고 있음을 알게 된다.

어떤 (죽은) 사람을 원하는 것은 한정된 개별적인 존재를, 따라서 죽을 수밖에 없는 인간을 원하는 것이다. 우리는 이랬고 저랬던 사람, 요컨대 어느 날 어느 시각에 죽은 사람을 원한다. 그리고 이미 그를 (죽은 자로서) 소유하고 있다.

우리가 돈을 원할 때 그것은 (제도로서의) 화폐, 즉 어떤 조건 속에서만 얻을 수 있는 것이다. 다시 말해 우리는 ~인 한에서 원한다. 우리는 그것을 ~인 조건 안에서 소유한다.

고통이나 빈자리는 그런 경우에 욕망의 대상들이 존재하는 방식이다. 비실재성의 장막을 걷어내보면, 대상들이 그런 방식으로 주어졌음을 알게 된다.

알게 되면 여전히 고통스럽지만 그래도 행복하다.

재물을 도둑맞은 수전노가 잃어버린 게 무엇인지 정확히 알아야 한다. 많은 것을 배우게 된다.

로죙*과 근위기병대장의 직무. 그는 대장의 직무를 잃고 풀려나기보다는 감옥에 갇힌 채로 대장이기를 원했다.

옷 때문이다. "그들은 자신들이 벗은 줄을 알고 부끄러워했다."**

누군가를 잃는 일. 죽고 없는 사람이 상상의 존재, 가공의 존재가 되어버려서 괴롭다. 하지만 그 사람을 원하는 욕망 자체는 상상이 아니다. 자기 안에 상상이 아닌 욕망이 자리잡은 곳으로 내려갈 것. 굶주림. 음식물을 상상해도 굶주림 자체는 실재한다. 굶주림을 움켜쥘 것. 죽은 사람의 있음은 상상이지만, 그의 없음은 분명한 실재다. 부재는 죽은 사람이 자신을 드러내는 방식이다.

빈자리를 찾으려 해서는 안 된다. 빈자리를 채우기 위한 초자연의 양식을 기대하는 것은 곧 신에 대한 시험이기 때문이다.

* Lauzun(1632~1723). 루이 14세 때의 근위기병대장으로, 다른 신하들의 질투를 받아 약 10년간 투옥되었다.

** 「창세기」 3장 7절.

그렇다고 빈자리를 피해서도 안 된다.

빈자리는 지고至高의 충만이다. 하지만 인간들은 그러한 사실을 알 권리가 없다. 그리스도조차도 한때는 전혀 알지 못했다는 사실이 그 증거다. 나의 일부분은 알아야 하지만, 나머지 부분들은 아니다. 나머지 부분들이 저급한 방식으로 알게 된다면 더 이상 빈자리가 없다.

그리스도는 인간의 비참함을 모두 겪었다. 죄만이 예외였다. 하지만 인간으로 하여금 죄를 짓게 할 수 있는 것은 모두 겪었다. 인간이 죄를 짓게 만드는 것, 그것은 바로 빈자리다. 모든 죄는 빈자리를 채우려는 시도이다. 따라서 더러움으로 뒤덮인 나의 삶은 완전히 순결한 그리스도의 삶과 가까이 있다. 훨씬 더 저급한 삶들도 마찬가지다. 내가 아무리 낮게 떨어진다 해도 그리스도로부터 많이 멀어지지는 않을 것이다. 다만, 내가 낮게 떨어지면, 더는 그 사실을 알 수 없게 된다.

오랫동안 만나지 못하다가 재회한 친구와의 악수. 그 악수의 감촉이 즐거움인지 괴로움인지 미처 파악할 틈이 없다. 장님이 지팡이 끝으로 사물들을 직접 느끼듯, 나는 친구가 있음을 직접 느낀다. 살면서 겪게 되는 어떤 상황이든 마찬가지다. 신에 대해서도 그렇다.

거기에 담긴 의미는 바로 고통을 달래줄 위안을 구해서는 안 된다는 것이다. 참된 행복은 위안이나 고통의 영역을 넘어선다. 지팡이나 다른 연장의 끝으로 대상을 지각하는 것이 원래의 촉각과 다르듯이, 참된 행복은 다른 감각으로 감지된다. 그 다른 감각을 지니려면 몸과 영혼을 다한 훈련을 통해 주의력을 다른 곳으로 옮겨야 한다.

그래서 성서에 이렇게 쓰여 있다. "내가 이제 분명히 말하거니와 그들은 자기들이 받을 상을 이미 받았다."* 보상은 필요 없다. 우리의 감각 능력 안의 빈자리가 우리를 그 감각 능력 너머로 데려가준다.

성 베드로의 부인否認. 그가 그리스도에게 한 말. "저는 절대 버리지 않겠나이다."** 이미 그리스도에 대한 부인이다. 끝까지 그리스도를 버리지 않을 수 있는 근원을 은총이 아니라 자기 안에서 찾았기 때문이다. 다행히도 베드로는 선택받은 자였기에 그의 부인은 모두에게, 그리고 스스로에게 명백하게 드러났다. 다른 사람들도 얼마나 많이 큰소리를 쳤던가. 그런데 그들은 깨닫지 못했다.

그리스도에게 충성하기는 어려웠다. 그것은 **빈 채로** 하는 충성이다. 죽을 때까지 나폴레옹에게 충성하는 게 훨씬 쉽다.

* 「마태오복음」 6장 2절.

** 「마태오복음」 26장 33절.

후세 순교자들의 충성 역시 이미 교회가, 지상에서의 약속을 이루어줄 힘이 있었기에 훨씬 쉬웠다. 사람들은 힘 있는 강한 것을 위해서 죽고, 힘없는 약한 것을 위해서는 죽지 않는다. 일시적으로는 약해도 최소한 힘의 후광만이라도 지녀야 한다. 세인트헬레나에 유배된 나폴레옹에 대한 충성은 빈 채로 하는 충성이 아니다. 강한 것을 위해 죽을 때는 그 죽음에 쓰라린 고통이 없다. 그 죽음의 가치도 함께 사라진다.

사람에게 애원하는 것은 자신의 가치 체계를 타인의 정신에 강요하려는 절망적인 시도이다. 신에게 하는 애원은 그 반대다. 신에게 하는 애원은 신의 가치를 자기의 영혼 속에 받아들이려는 시도이다. 우리가 집착하는 가치들을 더없이 강렬하게 생각하는 것과 전혀 다른, 우리 안의 빈자리이다.

자아

우리는 이 세상에서 아무것도 소유하지 못한다. 우연이 모든 것을 앗아갈 수 있기 때문이다. '나'라고 말할 수 있는 힘만이 예외다. 바로 그것을 신에게 바쳐야 한다. 즉, 파괴해야 한다. 다른 자유 행위가 허락되지 않은 우리에게 '나'의 파괴만은 예외다.

제물. '나' 외에 아무것도 바칠 수 없다. 제물이라고 일컬어지는 모든 것은 바로 '나'의 대용품에 붙여진 이름표일 뿐이다.

이 세상의 그 어떤 것도 우리에게서 '나'라고 말할 수 있는 힘을 빼앗을 수 없다. 단 한 가지, 극단의 불행만이 예외다. 밖으로부터 '나'를 파괴하는 극단의 불행이 제일 나쁘다. 그러고 나면 더는 스스로 '나'를 파괴할 수 없게 되기 때문이다. 불행 때문에 밖으로부터 '나'를 파괴당한 사람들에게 어떤 일이 일어날까? 떠올릴 수 있는 것은 무신론 혹은 유물론의 개념으로서의 소멸뿐이다.

그들이 '나'를 잃어버렸다는 게 이기심이 없어졌다는 뜻은 아니다. 그 반대다. 물론 개처럼 헌신한다면 이기심이 없어질 수도 있다. 그게 아니라면 오히려 벌거벗은, 식물적인 무위

無爲의 이기심에 이르게 된다. '나' 없는 이기심.

우리 스스로 '나'를 파괴하기 시작하면 그 어떤 불행도 더는 우리에게 해를 끼칠 수 없게 된다. 외부의 압력이 '나'를 파괴하려 할 때는 언제나 극단적인 저항이 일어나는데, 신을 향한 사랑으로 그 저항을 물리치면 밖으로부터가 아니라 안으로부터 '나'의 파괴가 일어난다.

대속代贖의 고통. 인간이 완전성의 상태에 있을 때, 그리고 은총의 힘으로 자기 안의 '나'를 완전히 파괴한 인간이 밖으로부터의 파괴에 해당될 정도의 불행에 빠질 때, 그것이 바로 온전한 십자가이다. '나'는 신에게 자리를 내어주고 완전히 사라져서 더 이상 존재하지 않으므로, 불행이 '나'를 파괴하지 못한다. 하지만 완전성이라는 면에서는 불행이 밖으로부터의 '나'의 파괴와 동등한 효과를 가져올 수 있다. 즉, 신의 부재를 만들어낸다. "나의 하나님, 어찌하여 나를 버리셨습니까?"*

극단의 불행이 완전한 영혼 속에 만들어내는 신의 부재는 무엇일까? 거기에 결부된, 대속의 고통이라 불리는 가치는 무엇일까?

대속의 고통은 악이 가능한 최대한으로 가득 차게 하는 고통이다.

* 「마태오복음」 27장 46절.

신은 대속의 고통을 통해 극단의 악 속에 존재한다. 신의 부재는 악에 상응하는 신의 존재 방식이기 때문이다. 그것은 느껴진 부재이다. 자기 안에 신을 갖지 않은 사람은 신의 부재도 느끼지 못한다.

그것이 바로 순수하고 완전하고 충만한 심연의 악이다. 지옥은 가짜 심연이다(티봉*). 지옥은 겉모습일 뿐이다. 존재한다고 주장하고 또 존재한다는 환상을 만들어내는 무이다.

순전히 밖으로부터의 '나'의 파괴는 생지옥의 고통이다. 밖으로부터의 파괴에 영혼이 사랑으로 관여하는 것이 속죄의 고통이다. 사랑으로 자기 자신을 완전히 비운 영혼 안에 신의 부재를 만드는 것이 대속의 고통이다.

불행을 겪는 동안 생의 본능은 집착이 뽑힌 뒤에도 살아남아서, 식물이 덩굴을 감듯 기댈 수 있는 모든 것에 매달린다. 이 상태에서는 감사(저급한 형태가 아닌 감사이다)와 올바름이 불가능하다. 노예 상태. 자유 의지를 뒷받침해줄 여분의 에너지가 사라져서 더는 거리를 유지할 수 없다. 그 점에서 불행은 적나라한 생명의 모습이 늘 그렇듯이 흉측하다. 손발이 잘려나간 몸, 우글거리는 벌레들. 형태 없는 생명. 살아남으려는 집착뿐이다. 그렇게 살아남으려는 집착이 다른 모든 집착을 대

*　Gustave Thibon(1903~2001). 프랑스의 사상가이자 작가.

신할 때 극단의 불행이 시작된다. 집착이 적나라한 모습을 드러낸다. 자기 자신 외에 그 어떤 대상도 없다. 지옥.

그래서 불행에 빠진 사람들에게는 죽음보다 하등 나을 것이 없는 삶이라도 삶이 가장 감미롭다.

그럴 때 죽음을 받아들이면 집착에서 완전히 벗어난다.

지상의 생지옥. 불행 속에서 완전히 뿌리 뽑히기.

일반적으로 인간들의 불의不義는 순교자가 아니라 생지옥에 던져진 사람들을 만들어낸다. 생지옥에 떨어진 사람들은 도둑한테 옷을 다 빼앗기고 몸도 다친 사람들과 같다. 그들은 개인적 기질이라는 옷을 잃어버렸다.

아무리 엄청난 고통이라도 뿌리를 남겨두는 고통이라면 생지옥과는 전혀 다르다.

뿌리 뽑힌 사람들에게 무언가를 해주었을 때 그 대가로 악의적인 태도, 배은망덕, 배신이 돌아올 수 있다. 그렇다 해도 그들의 불행을 아주 조금 함께 겪은 것에 지나지 않는다. 우리는 한정된 범위 안에서 그들의 불행을 함께 겪을 의무가 있다. 그리고 그럴 힘이 있다. 그런 일이 일어나면 한정된 어떤 사람들의 불행이라고 생각하지 말고 자신의 불행을 감내하듯 감내해야 한다. 그것은 특정한 사람들에게 결부된 게 아니다. 완전성이 그러하듯 생지옥의 불행에는 어느 정도 비개인적인 것이 있다.

'나'가 죽어버린 사람들에겐 그 어떤 것도, 절대적으로 아무것도 해줄 수 없다. 그러나 '나'가 완전히 죽었는지 죽은 것처럼 보일 뿐인지는 알 수가 없다. 완전히 죽지 않았다면 주사를 놓아 사람을 살리듯이 사랑으로 다시 살릴 수 있다. 하지만 그 사랑이 거만한 호의가 담기지 않은 순수한 사랑이어야 한다. 멸시의 흔적이 조금만 담겨도 상대를 죽음으로 몰아가게 된다.

'나'가 밖으로부터 상처 입으면 처음에는 발버둥치는 짐승처럼 극단적인, 더없이 뼈저린 반항을 하게 된다. 그러나 '나'가 반쯤 죽어버리면 차라리 완전히 죽길 바라게 되고 정신을 잃는다. 그럴 때 사랑의 손길이 건드려 깨우면 더없이 고통스럽다. 그 고통을 야기한 사람에 대한 분노와 증오심까지 일어난다. 실의에 빠진 사람들이 은혜를 베푸는 사람들에게 오히려 복수심을 품는, 일견 이해할 수 없는 반응을 보이는 것은 그 때문이다.

은혜를 베푸는 사람의 사랑이 순수하지 않을 때도 있다. 그 경우 사랑을 통해 깨어난 '나'는 곧바로 다시 멸시의 상처를 입고, 더없이 사무치는 증오심을 품게 된다. 정당한 증오이다.

반대로 '나'가 완전히 죽어버렸을 때는 다른 사람이 건네는 사랑이 조금도 거북하지 않다. 개나 고양이가 먹을 것과 따뜻한 잠자리를 제공받고 주인의 애무를 받으며 행복해하듯 가만히 있게 되고, 최대한 많이 받기를 갈망한다. 개처럼 매달리

기도 하고, 고양이처럼 무심하게 받기도 한다. 자기를 보살펴 주는 사람의 것이기만 하면 그 사람이 누구이든 거리낌 없이 모든 에너지를 마셔버린다.

불행히도, 사랑을 베푸는 일은 거의 대부분 몰염치한 사람들, 무엇보다 '나'가 죽은 사람들을 상대해야 하는 위험이 있다.

불행을 겪는 사람의 기질이 약할수록 '나'의 죽음이 빠르다. 좀 더 정확히 말하면, 불행이 자리 잡을 때, '나'를 파괴하는 불행은 당하는 사람의 기질에 따라 가까이 혹은 멀리 놓인다. 불행이 멀리 있을수록 우리는 그 사람의 기질이 강하다고 말한다.

불행이 얼마나 멀리 자리 잡는가는 수학적인 재능을 얼마나 타고났는가처럼 타고난 것이다. 따라서 신앙 없이 살아왔지만 역경이 닥쳐도 약해지지 않았다고 자랑스러워하는 것은 수학적 재능을 타고난 청년이 수학을 잘한다고 자랑하는 것과 다름없이 옳지 않다. 신을 믿는 사람들도 더 큰 환상에 빠질 위험이 있다. 예컨대 본질적으로 기계적인 자연 작용에 지나지 않는 것을 은총에 의한 것으로 믿어버릴 수 있다.

극단적인 불행이 야기하는 고뇌는 **밖으로부터** 나를 파괴한다. 아르놀프, 페드르, 리카온.* 생명이 파괴되기도 전에 급작스러운 죽음이 밖으로부터 '나'를 죽이려 할 때는 무릎 꿇고 비굴하게 애원하는 게 당연하다.

"아름다운 머리칼을 가진 니오베**도 식사를 거르지 않았다오." 이것은 조토의 벽화 속 여백처럼 숭고하다.

절망마저도 포기하도록 강요받는 굴욕.

내 안의 죄가 '나'라고 말한다.

나는 모든 것이다. 하지만 그런 '나'는 신이다. 그냥 나가 아니다.

악은 구분을 만든다. 악은 신이 모든 것과 같아지지 못하게 한다.

내가 '나'이게 하는 것은 나의 비참함이다. 우주의 비참함

* 아르놀프는 몰리에르의 희극 『아내들의 학교*L'École des Femmes*』에서 시골 소녀 아녜스에 대한 불순한 사랑으로 고민하는 인물이다. 페드르는 라신의 비극 『페드르*Phèdre*』의 주인공으로, 양아들 이폴리트를 향한 사랑으로 괴로워한다. 아르카디아의 전설적인 왕 리카온은 제우스를 속여 사람 고기를 먹이려 하고, 분노한 제우스가 대홍수를 일으켜 벌한다.

** 그리스 신화에 등장하는 탄탈로스의 딸이자 테바이의 왕 암피온의 왕비로, 훌륭한 자식이 많은 것을 자랑하다가 신들의 노여움을 사서 자식을 모두 잃는다. 『일리아스』 24권에서 아킬레우스가 헥토르를 잃고 슬퍼하는 프리아모스에게 그 일을 언급한다. "바라는 대로 헥토르의 시신은 마차에 눕혔으니 날이 밝으면 데려가시오. 하지만 지금은 우선 저녁식사를 합시다. 아름다운 머리칼을 가진 니오베가 자식 자랑을 하다가 (…) 모두 잃었을 때도 식사를 거르지 않았다오."

이 어떤 의미에서 신이 '나'(다시 말해 한 인격체)이게 한다.

바리사이*들은 자기 자신들의 힘만으로 덕을 갖추려 했던 사람들이다.

'나'라고 불리는 것 안에 우리를 높여줄 에너지원이 없음을 아는 것이 바로 겸손이다.

내 안의 귀중한 것은 예외 없이 나 아닌 다른 곳에서 온다. 그것은 선물로 주어지지 않고, 계속 갱신해야 하는 대부금과 같다. 내 안의 모든 것은 예외 없이 절대 그 어떤 가치도 갖지 않는다. 다른 곳에서 온 선물도 내 것으로 삼는 순간에 곧 가치가 사라진다.

완전한 기쁨은 기쁨이라는 감정조차 배제한다. 대상이 영혼을 가득 채우면 '나'라고 말하기 위한 자리가 남지 않기 때문이다.

그런 기쁨이 없으면, 우리는 그것을 상상하지 못한다. 찾도록 하는 자극이 없기 때문이다.

* 신약 시대에 팔레스티나에 살던 유대교 분파로, 율법을 통해 거룩함에 이를 수 있다고 믿어 절대적인 규범으로 받아들였다.

탈脫창조

탈脫창조.* 창조된 것을 창조되지 않은 것이 되게 하기.

파괴. 창조된 것을 무가 되게 하기. 탈창조의 잘못된 대용품.

창조는 사랑의 행위이고, 영원하다. 우리의 존재는 매 순간에 신이 우리에게 주는 사랑이다. 하지만 신은 오직 스스로만 사랑할 수 있다. 우리를 사랑하지만, 우리를 통해 스스로를 사랑한다. 우리에게 존재를 주는 신은 우리 안에서, 존재하지 않겠다는 동의를 사랑한다.

우리의 존재는 오로지 신의 기다림으로, 존재하지 않겠다는 우리의 동의로 이루어진다.

신은 우리에게 존재를 주고 끊임없이 그 존재를 우리에게 구걸한다. 구걸하기 위해서 준 것이다.

가차 없는 필연, 비참함, 비탄, 우리를 짓누르는 욕구와 힘든 노동의 무게, 잔인성, 고문, 갑작스러운 죽음, 강제, 공포, 질병.

* 원어는 décréation이다. 창조된 존재가 스스로를 부정하는 것을 말한다. 인간의 조건을 그리스도교 계시의 관점에서 바라본 작가 샤를 페기Charles Péguy(1873~1914)가 사용한 표현이다.

모두가 신의 사랑이다. 우리가 신을 사랑할 수 있도록 신은 사랑으로 우리에게서 멀어진다. 만일 공간과 시간 그리고 물질의 보호막 없이 신의 사랑에 직접 노출된다면 우리는 햇볕을 받은 물처럼 증발할 수밖에 없다. 그렇게 되면 우리 안에는 '나'가 없어서, 사랑으로 '나'를 버릴 수 없게 된다. 필연은 우리가 존재할 수 있도록 신과 우리 사이에 놓인 장막이며, 더 이상 존재하지 않기 위해 우리는 그 장막을 뚫어야 한다.

'신으로부터 멀어지려는' 힘이 존재한다. 그 힘이 없다면 모든 게 신이 될 것이다.

그리스도가 하나님의 모습을 지녔음에도 자기를 비운 것처럼 우리도 신성을 벗어버릴 수 있도록, 인간에게는 상상의 신성이 주어졌다.

포기. 신이 창조하면서 포기한 것을 모방하기. 어떤 의미로 신은 모든 것이기를 포기한다. 우리는 무엇인가이기를 포기해야 한다. 우리에게는 그것이 유일한 선이다.

우리는 밑 빠진 독이다. 밑바닥이 있음을 스스로 깨닫지 못하는 한 그렇다.

높이기와 낮추기. 거울을 보며 치장하는 여인은 모든 사물을 바라볼 수 있는 무한한 존재인 자기 자신을 조그만 공간으로 축소하면서 수치심을 느끼지 않는다. 마찬가지로 우리가 자아(사회적 자아, 심리적 자아 등)를 높이면 아무리 높이 올려도 결국 그 이상이 아닌 것으로 축소되면서 무한히 낮아진다. 반대로 자아를 낮출 때는 (욕망으로 에너지가 자아를 높이려 하지 않는 한) 우리는 자신이 그것이 아님을 알고 있다.

거울에서 자기 모습을 바라보는 아름다운 여인은 자신이 바로 그것이라고 생각할 수 있다. 못생긴 여인은 자기가 그것이 아님을 안다.

자연적인 능력으로 파악되는 것은 모두 가정假定이다. 초자연적 사랑만이 제대로 정립할 수 있다. 따라서, 우리도 창조에 참여한다.

우리는 스스로를 탈창조함으로써 세계의 창조에 참여한다.

어떤 것을 가지려면 그것을 포기해야 한다. 포기하지 않은 것은 우리를 벗어난다. 이런 의미에서 우리는 신을 통하지 않고서는 아무것도 가질 수 없다.

가톨릭의 영성체. 신은 단 한 번 강생降生한 게 아니다. 신은 날마다 물질이 되어 인간에게 스스로를 내어주며 받아먹게 한다.

역으로, 피로와 불행과 죽음을 겪으며 인간이 물질이 되면 신이 그것을 먹는다. 이러한 상호성을 어떻게 거부하겠는가.

그는 자신의 신성을 비웠다. 우리는 태어날 때 부여받은 가짜 신성을 비워야 한다.

우리가 아무것도 아님을 깨닫고 나면, 오직 무가 되겠다는 목표로 노력한다. 그 목표를 위하여 모든 고통을 받아들여 감내하고, 그 목표를 위해 행동하고, 그 목표를 위해 기도한다.

신이여, 나로 하여금 무가 되게 하소서.

내가 무가 되면, 신은 나를 통하여 스스로를 사랑한다.

낮게 있는 것은 높이 있는 것을 닮는다. 노예 상태는 신에의 복종의 한 가지 형상이며, 굴종은 겸손의, 육체적 욕구는 저항할 수 없는 충동으로서의 은총의 형상이다. 그리고 내일을 생각하지 않는 성자들의 포기는 범죄자나 매춘부 들에게서 잘게 조각난 시간의 한 형상이다.

우리는 가장 낮게 있는 형상을 찾아야 한다.

우리 안에서 낮은 것이 아래로 내려가길. 그리하여 높은 것이 더 위로 올라가길. 우리는 거꾸로 뒤집혀 있기 때문이다. 우리는 그렇게 태어났다. 질서를 회복하려면 우리 안에 창조된 것을 파괴해야 한다.

객관성과 주관성을 뒤집을 것.

마찬가지로 긍정과 부정을 뒤집을 것. 우파니샤드 철학이 하려는 말이기도 하다.

우리는 거꾸로 태어나고 거꾸로 살아간다. 높고 낮음이 뒤집히는 죄 속에 태어나고 살아간다. 제일 먼저 해야 할 일은 뒤집는 것이다. 회심.

밀알 하나가 죽지 않으면…* 밀알이 죽어 그 안에 담긴 에너지가 풀려나서 다른 결합물들을 낳아야 한다.

마찬가지로, 우리는 죽어야 한다. 그래야 매여 있는 에너지를 풀어줄 수 있고, 사물들의 진정한 관계를 가능하게 할 자유로운 에너지를 소유할 수 있다.

나는 대수롭지 않은 일조차 힘겹게 할 때가 많은데, 그것은 오히려 나에게 주어진 은혜다. 평범한 행동들을 통해 주의를 끌지 않으면서 나무의 뿌리를 베어버릴 수 있기 때문이다. 우리가 아무리 세상 사람들의 의견에 매여 있지 않다 해도, 평범하지 않은 행동들 안에는 떼어낼 수 없는 자극이 들어 있다. 평범한 행동들 안에는 그런 자극이 없다. 평범한 행동을 하기 굉장히 어려운 것은 감사해야 할 은혜다. 그 어려움이 사라지기를 바라면 안 된다. 그것을 사용할 수 있는 은총을 기원해야

* 「요한복음」 12장 24절. "밀알 하나가 땅에 떨어져 죽지 않으면 한 알 그대로 남고 죽으면 많은 열매를 맺는다."

한다.

일반적으로 말해서, 자신의 비참함 중 단 한 가지라도 사라지기를 기원하지 말고, 그 비참함들을 변화시켜줄 은총을 기원해야 한다.

흔히 육체적인 고통(그리고 궁핍)은 용기 있는 사람들의 인내심과 정신력을 시험한다. 하지만 더 좋은 쓰임새가 있다. 육체적 고통이 그런 시험이기보다는 인간의 비참함에 대한 생생한 증거가 되길. 내가 완전히 수동적인 태도로 그 고통을 감수할 수 있길. 불행 때문에 고통을 겪고 낮은 곳으로 떨어지면 인간의 비참함을 절실히 알게 되고, 그 앎은 지혜로 통하는 문이다. 그러니, 그 어떤 일이 닥치든, 어떻게 내가 고통이 너무 크다고 생각할 수 있겠는가.

기쁨과 행복과 번영도 만일 밖에서 온 것(우연이나 상황 등)을 분간할 수만 있다면 인간의 비참함을 말해주는 증거가 될 수 있다. 이렇게도 사용할 것. 심지어 은총도 감각으로 지각 가능한 현상으로 나타날 때는…

전체 속에서 참된 자리에 있기 위해 무가 될 것.

소중한 사람들을 전부 잃고, 지성과 품성에 있어서 타고난 재능과 습득한 능력, 어느 게 선이고 어느 게 안정적인 것인지 등에 관한 의견과 믿음까지 전부 잃을 때와 동등한 고뇌를 겪어야 포기할 수 있다. 이 모든 것을 스스로 없애서는 안 되고, 욥이 그랬듯이 잃어버려야 한다. 그렇게 대상으로부터 잘려나간 에너지가 진동으로 허비되고 손실되어서는 안 된다. 그러니까 실제의 불행에서보다 고뇌가 더 커야 한다. 시간의 흐름을 따라 조각나서도 안 되고, 희망을 향해서도 안 된다.

사랑의 정열이 식물적 에너지의 상태에 이르면 페드르나 아르놀프처럼 된다. "이제 난 죽어야 할 것 같구나…"*

페드르가 살기 위해서는 이폴리트가 글자 그대로의 양식보다 더 필요했다.

신의 사랑이 그렇게 낮은 곳까지 파고들려면 자연이 최악의 폭력을 겪어야 한다. 욥, 십자가…

페드르와 아르놀프의 사랑은 순수하지 않다. 낮은 곳까지 내려가도 순수할 수 있는 사랑…

식물적인 단계까지 가서 아무것도 아니게 될 것. 그럴 때 신이 양식이 된다.

한 한정된 순간, 즉 과거와 미래로부터 단절된 현재의 순간에

* 몰리에르의 『아내들의 학교』 4막 1장에서 아녜스가 젊은 남자를 사랑하자 절망에 빠진 아르놀프의 독백 중에 나오는 말이다. "그 아이에게 분노하고 절망했건만, 오늘처럼 예뻐 보인 적이 없구나. […] 슬픈 운명이 날 치욕으로 몰아넣는다면 이제 난 죽어야 할 것 같구나."

놓고 보면, 우리는 죄가 없다. 발전은 시간의 지속을 포함하기에, 그 순간에 우리는 그대로의 우리일 수밖에 없다. 그렇게 떼어낸 한순간에 우리가 이러저러한 사람인 것은 세상의 질서에 속한다.

한순간을 따로 떼어놓은 것은 용서를 포함한다. 그때의 떼어놓기는 집착에서 벗어나기다.

인간의 삶에서 아무것도 걸치지 않은 완전한 순수의 순간은 단 두 번뿐이다. 출생과 죽음. 갓 태어났을 때와 임종을 겪을 때가 아니면, 인간의 형상을 한 신을 경배하면 신성을 더럽힐 수밖에 없다.

죽음. 과거도 미래도 없는 순간의 상태. 영원에 이르기 위해 꼭 필요한 것.

신이 존재한다는 생각에서 충만한 기쁨을 느낀다면, 자기 자신이 존재하지 않음을 아는 데서도 똑같은 충만함을 느껴야 한다. 두 가지는 같은 생각이기 때문이다. 그러한 앎은 오직 고통과 죽음을 통해서만 감각으로 확장된다.

신 안에서의 기쁨. 신 안에 완전하고 무한한 기쁨이 실제로 존재한다. 내가 참여한들 그 기쁨의 실재성에 아무것도 더해지지 않고, 내가 참여하지 않아도 없어지는 게 없다. 그렇다면 내가 참여할지 말지가 왜 중요할까? 전혀 중요하지 않다.

신 안에 기쁨이 실제로 존재함을 진정으로 믿지 않는 사람들이 스스로의 구원을 바란다.

불멸성에의 믿음은 해롭다. 우리에게는 정말로 육체를 갖지 않은 영혼을 생각할 힘이 없기 때문이다. 불멸성에의 믿음은 사실상 생명이 이어진다는 믿음이다. 그 믿음은 죽음을 제대로 사용할 수 없게 만든다.

신의 현존. 두 가지 방식으로 이해되어야 한다. 신은 창조자이므로 존재하는 모든 것이 존재하는 한 그 안에 현존한다. 피조물의 협력이 필요한 신의 현존은 창조자로서의 신이 아니라 성령으로서의 신의 현존이다. 첫번째 현존은 창조의 현존이며 두번째 현존은 탈창조의 현존이다(신은 우리 없이 우리를 창조했지만, 우리 없이 우리를 구원하지는 않을 것이다. 성 아우구스티누스).

신은 창조하기 위해 자기 모습을 감추었다. 그러지 않았다면, 오로지 신밖에 없었을 것이다.

그러므로 성성聖性은 숨어 있어야 한다. 어느 정도는 인간의 의식에도 드러나지 않아야 한다. 세상 안에 숨어 있어야 한다.

존재와 소유. 인간은 존재를 갖지 않는다. 소유만 갖는다. 인간의 존재는 장막 뒤에, 초자연 쪽에 있다. 인간은 자기 자신에 대해 상황이 빌려준 것들을 알 뿐이다. 나는 나에게 (그리고 타인에게) 숨어 있다. 그것은 신이 있는 쪽에 있고, 신 안에 있고, 신이다. 오만은 자신이 신임을 잊는 것이다. 인간의 비참함이 장막이 되어 가리고 있다. 그리스도에게도 장막이 있었다.

욥. 사탄이 신에게 말했다. 욥이 어찌 까닭 없이 당신을 사랑하겠나이까? 중요한 것은 사랑의 층위다. 양, 밀밭, 많은 아이들. 사랑이 그런 것과 같은 층위에 있을까? 아니면 더 멀리, 삼차원에, 그 뒤에 있을까? 아무리 깊은 사랑이라도 무너지고 마는 순간이 있다. 그 순간은 신을 향한 영혼의 사랑을 바꿔놓는, 유한에서 뜯어내 무한으로 보내는, 영혼 속에서 초월적인 것이 되게 하는 순간이다. 그것은 영혼의 죽음이다. 영혼의 죽음에 앞서 육체가 죽는 이들은 불행하다! 사랑으로 충만하지 않은 영혼은 나쁜 죽음을 맞는다. 어째서 그런 죽음이 무차별적으로 닥쳐야 할까? 그래야 한다. 모든 게 무차별적으로 닥쳐야 한다.

겉모습은 존재에 달라붙는다. 고통만이 겉모습과 존재를 떼어놓을 수 있다.

존재를 가진 자는 겉모습을 가질 수 없다. 겉모습은 존재를 속박한다.

시간의 흐름은 존재에서 겉모습을, 겉모습에서 존재를 억지로 떼어놓는다. 시간은 스스로 영원이 아님을 드러낸다.

스스로 뿌리 뽑혀야 한다. 나무를 베어 십자가를 만들고, 그것을 매일 짊어질 것.

나여서는 안 되고, 우리여서는 더 안 된다.

우리가 뿌리내리고 사는 나라는 내 집에 있다는 느낌을 준다.

유배지에 있으면서 내 집에 있다고 느끼기.

장소 없이 뿌리내리기.

사회적으로 뿌리 뽑히기. 식물들처럼 뿌리 뽑히기.

지상의 모든 나라로부터 추방되기.

이 모든 것을 남에게 밖으로부터 행하기, 그것은 탈창조의 대용품이다. 비非실재를 만들어내기.

더 많은 실재성을 찾으려면 스스로 뿌리 뽑혀야 한다.

신이 나에게 존재를 준 것은 내가 그 존재를 신에게 돌려주게 하기 위해서다. 옛날이야기나 입문 이야기에서 등장인물을 시험하는 함정과 비슷하다. 신이 준다고 그대로 받아들이면 해롭고 치명적이다. 신이 준 것의 힘은 내가 거절할 때 나타난다. 신은 내가 신 밖에서 존재하도록 허락한다. 내가 그 허락을 거절해야 한다.

겸손은 신 밖에서 존재하기를 거절하는 것이다. 모든 덕의 제왕.

'나'는 신의 빛을 가로막는 죄와 과오의 그림자일 뿐이다. 그런데 나는 그것이 존재라고 생각한다.

설령 신처럼 될 수 있다 해도, 신의 뜻에 복종하는 진흙인 편이 나으리라.

내가 눈을 감고 연필 끝으로 탁자를 짚어 나갈 때 연필은 나에게 무엇인가. 그리스도에게 바로 그런 연필이 될 것. 우리는 신이 우리에게 맡긴 창조의 몫과 신 사이의 매개자가 될 수 있다. 신은 우리의 동의가 있어야만 자신의 창조를 볼 수 있다. 우리의 동의를 얻어서 그 경이로운 일을 행한다. 내가 나의 영혼으로부터 물러날 수만 있다면, 내 앞에 놓인 탁자를 신이 볼 수 있게 되는 놀라운 행운이 일어날 수 있다. 신은 우리 안에서 오로지 우리의 동의, 창조주 신이 우리가 존재하게끔 하기 위해 물러섰듯이 신이 통과할 수 있도록 물러서겠다는 동의만을 사랑한다. 이러한 이중 작용의 의미는 오로지 사랑이다. 아버지가 자신의 생일 선물을 살 수 있도록 아이에게 돈을 주는 것과 같다. 오직 사랑일 뿐인 신은 오직 사랑만을 사랑한다.

내가 보고 듣고 숨 쉬고 만지고 먹는 모든 것, 내가 만나는 모든 사람, 나는 이 모든 것이 신과 접촉하지 못하게 방해한다. 그리고 내 안에 무언가가 나라고 말하는 한, 나는 신이 그 모든 것을 접촉하지 못하게 가로막는다.

전부를 위해, 그리고 신을 위해 내가 할 수 있는 일이 있다. 뒤로 물러나기, 그 모든 것과 신의 만남을 존중하기.

인간적인 의무를 철저히 완수하는 것은 내가 물러서기 위한 조건이다. 그래야 내가 물러서지 못하게 매어둔 끈들이 조금씩 닳는다.

다른 이들이 나에게 애정을 갖는다는 생각은 착각에 지나지 않는다. 하물며 신이 나를 사랑할 수밖에 없다고는 생각하기 어렵다. 하지만 내가 있는 이 자리에서만 볼 수 있는 창조의 광경을 사랑하는 신은 쉽게 상상할 수 있다. 그런데 내가 장막으로 그 광경을 가리고 있다. 신이 볼 수 있도록 나는 물러서야 한다.

신이 사랑하는 존재들이 우연히 나의 길 위에 놓일 때, 신이 그 존재들과 직접 만날 수 있도록 나는 물러서야 한다. 그 사이에 있는 것은 연인이나 친구 사이에 낀 것처럼 부주의한 일이다. 정혼자를 기다리는 여자가 아니라, 두 정혼자 사이에 끼어든 성가신 존재, 그들이 진정으로 함께 있을 수 있도록 물러나야 하는 제삼자이다.

내가 사라질 수만 있다면, 지금 내가 걷고 있는 이 땅, 파도 소리를 듣고 있는 저 바다가 완전한 사랑으로 신과 이어지리라.

내 안에 있는 에너지, 재능이 다 무슨 소용인가. 나는 늘 넌더리가 나서 사라져버리고 싶다.

"그리고 죽음은 나의 눈에서 광채를 앗아가면서,

나의 눈이 더럽히던 햇빛에 순수함을 돌려주겠지요…"*

지금 내가 보고 있는 것들이 더 이상 내가 보는 것들이 아니게 됨으로써 완벽하게 아름다워질 수 있도록, 나는 사라져버렸으면.

* 라신의 『페드르』의 결말인 5막 7장에서 죽어가는 페드르가 자신의 행동을 후회하며 하는 말이다.

나는 창조된 이 세계가 더는 느껴지지 않기를 바라는 게 아니고, 그 세계가 느껴지는 것이 더는 나를 위한 게 아니기를 바란다. 창조된 이 세계는 너무 높이 있는 비밀을 나에게 말해주지 못한다. 내가 떠나면, 창조자와 피조물이 직접 비밀을 주고받게 된다.

내가 사라지고 없을 때의 풍경을 그려볼 것.

나는 어디 있든 호흡과 심장 박동으로 하늘과 땅의 고요한 침묵을 더럽힌다.

태양은 악인에게나 선인에게나 똑같이 빛난다.* 신은 스스로 **필연**이 된다. 필연의 두 가지 얼굴. 필연을 행하기와 필연을 견디기. 태양과 십자가.

필연에 복종하겠다고 받아들이기. 항상 필연을 다루면서 행동하기.

종속. 에너지가 절약된다. 그 경우 명령하는 자와 복종하는 자 누구도 영웅이 될 필요 없이 영웅적인 행동이 완수될 수 있다.

신의 명령을 받을 것.

유혹에 맞서는 싸움이 어떤 경우에 선에 연결된 에너지를 고갈시킬까? 그 싸움이 에너지의 질을 보다 높은 단계로 끌어올리는 경우는?

의지와 주의력의 역할에 달려 있다.

사랑의 힘으로 속박을 견뎌낼 수 있어야 한다.

* 「마태오복음」 5장 45절. "그분께서는 악인에게나 선인에게나 당신의 해가 떠오르게 하시고, 의로운 이에게나 불의한 이에게나 비를 내려주신다."

복종은 지고의 미덕이다. 필연을 사랑하기. 필연은 한 개인에게 있어서 가장 낮은 것이다(속박, 힘, "가혹한 운명"). 우주의 필연이 그로부터 풀어준다.

가능하다는 사실만으로 필연이 되는 일들이 있다. 예를 들어 배고플 때 먹기, 다쳐서 목말라 하며 죽어가는 사람에게 가까이 있는 물을 마시게 해주기. 강도이든 성자이든 누구라도 했을 일이다.

그런 식으로, 처음에는 별로 눈에 띄지 않더라도 가능하기 때문에 필연이 되는 경우들을 간파해낼 것. 그럴 때만 행동하고, 아닐 때는 행동하지 말 것.

석류알.* 내가 신을 사랑하겠다고 약속하는 게 아니다. 나 자신과 상관없이 내 안에서 이루어진 약속에 동의하는 것이다.

덕을 행할 때 스스로 어쩔 수 없이 하게 되는, 하지 않을 수 없는 것들만 할 것. 그러나 주의를 잘 기울여서, 하지 않을 수 없는 것을 계속 늘려갈 것.

* 그리스 신화에서 대지의 신 데메테르의 딸 페르세포네는 저승의 왕 하데스에게 끌려가고, 무심코 먹은 석류알 때문에 지상으로 온전히 돌아가지 못한다.

우리가 신에게 어쩔 수 없이 떠밀려온 곳을 단 한 발짝도, 비록 선을 향해서라도 절대 넘어서지 말 것. 행동, 말, 생각 모두 그렇다. 신이 나를 밀어낸다면 그곳이 어디든 극한까지라도 갈 각오를 할 것(십자가…). 최대한 멀리 갈 각오를 한다는 것은 어디까지 가는지 모르는 채로 떠밀려 가겠노라고 기도하는 것이다.

나의 영원한 구원이 물체의 형상을 띠고 이 탁자 위에 있고 또 손을 내밀기만 하면 붙잡을 수 있다 해도, 그렇게 하라는 명령을 받지 않고서는 절대 손을 내밀지 않으리라.

행동의 결과들에 연연하지 말 것. 그런 숙명에서 벗어날 것. 어떻게?

목표를 위하여 행하지 말고 필연에 의하여 행할 것. 할 수밖에 없다. 행동이 아니라 일종의 수동受動이다. 행하지 않는 행동.

어떤 의미에서는 노예가 가장 좋은 예이다(가장 낮은 예… 가장 높은 예… 두 경우 모두 법칙은 같다). 물질도 마찬가지다.

행동의 동인을 자기 밖으로 옮길 것. 그것에 떠밀릴 것. 진정으로 순수한 동기(혹은 가장 비열한 동기. 두 경우 모두 법칙은 같다)는 밖의 것이다.

어떤 행위이든 목표가 아니라 추진력의 관점에서 볼 것. 어떤 목적으로가 아니라 어디에서 왔는가를 볼 것.

"헐벗을 때 입을 것을 주었으며…"* 그런 행위는 그것을 한 사람들의 상태를 알려준다. 그들은 배고픈 자에게 먹을 것을 주고 헐벗은 자에게 입을 것을 줄 수밖에 없는 상태였다. 그리스도를 위해 한 일이 아니다. 그들 안에 그리스도의 연민이 있었기에 하지 않을 수 없었다. 신을 만나기 위해 러시아 대초원을 지나던 성 니콜라우스와 성 카시아누스**가 진흙에 빠진 마차 바퀴를 끌어내는 농부를 돕느라 약속된 시간을 놓칠 수밖에 없었던 것도 마찬가지다. 그런 식으로, 거의 어쩔 수 없이, 부끄러움과 후회까지 품은 채로 행한 선행이 순수하다. 절대적으로 순수한 선은 우리의 의지를 완전히 벗어난다. 선은 초월적이다. 신이 선이다.

"너희는 내가 굶주렸을 때 먹을 것을 주었고…" 주여 그것이 언제입니까? 그들은 알지 못했다. 알아서는 안 된다.

그리스도를 **위해서**가 아니라 그리스도에 **의하여** 이웃에게 도움을 주어야 한다. 나의 자아가 사라지고, 그리스도가 우리

* 「마태오복음」 25장 36절. 다음 문단에 나오는 "너희는 내가 굶주렸을 때…"도 같은 구절이다.

** 4세기의 가톨릭 성자들이다.

의 몸과 영혼을 매개로 이웃에게 도움을 주기를. 주인이 불행한 사람에게 도움을 주라고 보낸 노예가 될 것. 도움은 주인으로부터 오고, 그 도움은 노예가 아니라 불행한 사람을 향한다. 그리스도는 하늘의 아버지를 위하여 고초당한 게 아니다. 신의 뜻에 의하여 인간들을 위해 고초당한 것이다.

노예가 주인의 명으로 불행한 사람을 도왔을 때 그가 그 일을 주인을 위해 했다고 말할 수는 없다. 노예는 그 어떤 일도 하지 않았다. 불행한 사람에게 가기 위하여 맨발로 못 위를 걷는다 해도, 노예는 고초를 겪었을 뿐 그 어떤 일도 하지 않았다. 노예이기 때문이다.

"저희는 쓸모없는 종입니다."* 다시 말해서, 아무 일도 하지 않았습니다.

일반적으로 '신을 위하여'라는 것은 잘못된 표현이다. 신은 여격與格으로 놓일 수 없다.

신을 위하여 이웃에게로 가지 말고, 사수가 쏜 화살이 표적을 향해 가듯이 신에게 떠밀려 이웃에게 갈 것.

아직 갈지 않은 땅과 경작된 밭, 주어진 문제와 그 문제의 답, 백지와 시詩, 굶주린 불행한 자와 배고픔을 채운 불행한 자 사이의 매개체로 머물 것.

* 「루카복음」 17장 10절.

모든 것 가운데 오직 예기치 못하게, 대가 없이, 운명의 선물처럼 밖으로부터 오는 것만이 순수한 기쁨이다. 실제의 선 역시 오직 밖으로부터 온다. 절대 우리의 노력에서 오지 않고, 항상 밖으로부터 온다. 우리는 어떤 경우에도 우리보다 나은 것을 만들 수 없다. 그러므로 진정으로 선을 향해 노력해도 결실을 얻지 못한다. 길고도 헛된 긴장이 절망으로 끝나고 더 이상 아무것도 기대할 수 없을 때, 비로소 기적처럼 밖으로부터 선물이 온다. 선을 향한 노력이 우리 안에 있던 거짓 충만함의 일부를 파괴해놓은 것이다. 우리 안에 충만함보다 더 충만한 신성한 빈자리가 생겼다.

신의 뜻. 어떻게 알 수 있을까? 자기 안에 침묵을 만들 때, 모든 욕망과 의견을 침묵하게 하고 사랑으로 온 영혼을 바쳐서 "당신의 뜻이 이루어지소서"라고 생각할 때, 이제부터 해야 하는 일이라고 분명하게 느껴지는 것이 (어떤 점에서는 오류일 수 있지만) 바로 신의 뜻이다. 우리가 빵을 달라고 청하는데 신이 돌멩이를 주지는 않을 테니 말이다.

한 점으로 수렴하는 기준. 우리의 이성이 서로 구별되지만 한 점으로 수렴하는 서로 다른 몇 가지 동기를 찾아낼 수 있지만, 생각할 수 있는 모든 동기를 넘어선다고 느껴지는 행동 혹은 태도.

초자연적인 계시가 주어진 게 아니라면, 기도할 때 개별적인 것을 염두에 두어서는 안 된다. 신은 보편이기 때문이다. 물론 신은 개별적인 것 속에 내려온다. 신은 창조 행위 속에 내려왔고, 내려온다. 강생과 성체성사와 계시 속에도 내려온다. 하지만 그것은 하강의 움직임이지 결코 상승의 움직임이 아니다. 그것은 신의 움직임이지 우리의 움직임이 아니다. 우리는 신이 명령하지 않는 한 그런 관계를 맺을 수 없다. 보편을 향해서 돌아서 있는 게 우리의 역할이다.

베르제*가 말한, 상대적인 것을 절대적인 것에 연결할 수 없다는 난제에 대한 답을 그렇게 구할 수 있지 않을까. 상승의 움직임으로는 불가능하지만, 하강의 움식임으로는 가능하다.

신이 어떤 명령을 내리는지 우리는 결코 알지 못한다. 신에 대한 복종을 향한 의지는 우리가 신을 우리 위의 무한히 높은 곳에 둔다면 우리가 무엇을 하든 구원해주고, 우리가 우리 자신의 마음을 신이라 부른다면 우리가 무엇을 하든 영벌에 던진다. 첫번째 경우에 우리는 자신이 행한 일, 지금 하고 있는 일, 앞으로 하게 될 일이 선일 수 있다고 결코 생각하지 않는다.

유혹의 쓰임새. 그것은 영혼과 시간의 관계이다. 가능한

* Gaston Berger(1896~1960). 프랑스의 철학자.

악을 실제 행하지는 않고 오랫동안 응시하면 일종의 화체化體*가 일어난다. 한정된 에너지로 그에 저항할 경우 주어진 시간 안에 에너지가 소모되고, 에너지가 고갈되면 결국 굴복하게 된다. 그러나 꼼짝하지 않고 주의를 기울이고 있으면 유혹이 고갈된다. 그러면 다시 상승한 에너지를 얻을 수 있다.

마찬가지로, 동일한 방식으로 (꼼짝하지 않고 주의를 기울이면서) 가능한 선을 응시하면 에너지의 화체가 일어나고, 그에 힘입어 우리는 선을 행할 수 있다.

에너지의 화체가 일어나면, 선을 행하지 않을 수 없는 순간이 온다.

또한 선과 악의 기준이 생긴다.

완벽한 복종에 이른 피조물들은 신이 이 세상에서 현존하고 알고 행하는 양태를 이룬다. 각기 단일하고 독자적인, 다른 것으로 대체될 수 없는 양태이다.

필연. 사물들을 관계 속에서 보고, 우리 안에 품고 있는 목적을 포함하여 스스로를 그 관계의 한 항으로 여길 것. 저절로 행동이 나온다.

* 가톨릭 용어로, 성체성사를 통해 빵과 포도주의 본질이 그리스도의 살과 피로 변하는 것을 말한다.

복종. 두 가지 복종이 있다. 중력에 복종할 수 있고, 사물들의 관계에 복종할 수 있다. 첫번째의 경우 빈자리를 채우는 상상력이 떠미는 대로 행한다. 그리고 선과 신을 포함하여 대부분 진실임직한 이름표를 모두 붙일 수 있다. 빈자리를 채우는 상상력의 활동을 멈춰 세우고 사물들의 관계에 주의력을 고정하면, 필연이 나타난다. 우리는 그 필연에 복종하지 않을 수 없다. 그때까지는 우리에게 필연의 개념도 복종의 감정도 없다.

그러고 나면 자신이 완수해낸 것을 자랑스러워할 수 없다. 설령 경이로운 일을 해낸다 해도 그렇다.

어떻게 그런 일을 할 수 있었느냐고 기자가 묻자 브르타뉴의 소년 선원이 대답했다. "해야 했으니까요!" 가장 순수한 영웅주의. 다른 어디보다 민중 속에서 찾을 수 있다.

복종은 유일하고 순수한 동인이다. 오로지 복종만이 행동에 대해 그 어떤 보상도 바라지 않는다. 보상하는 일은 숨어 있고 숨은 일도 볼 수 있는 신*에게 맡긴다.

단, 그것이 속박(노예들이 겪는 끔찍한 빈자리)에 대한 복종이 아니라 필연에 대한 복종이라는 조건하에서 그렇다.

* 「마태오복음」 6장 18절 참조. "그리하여 네가 단식한다는 것을 사람들에게 드러내 보이지 말고, 숨어 계신 네 아버지께 보여라. 그러면 숨은 일도 보시는 네 아버지께서 너에게 갚아주실 것이다."

아무리 자기 자신을 타인에게 혹은 다른 어떤 큰 목적에 바쳐도, 그 어떤 고생을 치른다 해도, 오직 사물들의 관계라는 명확한 개념과 필연에 대한 복종에 의한 것이라면, 그 일을 행하기 위해서는 노력이 필요할지언정 하겠다는 결심은 노력 없이 할 수 있다. 다른 길은 없다. 그래서 되돌아서는 일이 없고, 채워야 할 빈자리가 없고, 보상을 바라게 되지 않고, 원한을 갖게 되지도 않고, 낮아지지도 않는다.

행동은 저울의 눈금을 가리키는 바늘이다. 바늘이 아니라 추를 건드려야 한다.

사람들의 의견에 대해서도 마찬가지다.

그렇게 하지 못하면, 혼란이나 고통이 온다.

미련한 처녀들.* 선택을 해야 한다는 사실을 깨닫는 순간에 선택이 행해졌음을 말해주는 이야기다. 악덕과 미덕 사이에서 선택해야 하는 헤라클레스** 이야기보다 훨씬 진실되다.

인간 안에서 본성이 육체적인 충동으로부터 완전히 차단되고

* 「마태오복음」 25장 1~13절에 나오는 '열 처녀의 비유'에서 신랑을 기다리며 등잔의 기름을 준비하지 않아 혼인 잔치에 들어가지 못한 다섯 명의 처녀를 말한다.

** 그리스 신화에서 헤라클레스는 소년 시절에 쾌락과 덕을 상징하는 두 여자 사이에서 선택해야 했고, 그때 덕을 선택했다.

초자연의 빛을 전부 빼앗긴 채로 만일 초자연의 빛이 있다면 요구하게 될 것에 부합되는 행동을 할 때, 그것이 바로 충만한 순수이다. 그리스도의 수난의 핵심이다.

신과의 올바른 관계는 묵상에 있어서는 사랑이며, 행동에 있어서는 노예 상태이다. 뒤섞지 말 것. 사랑으로 묵상하고, 노예로서 행동할 것.

환상

사람들은 어떤 것이 좋다고 믿기에 그쪽으로 향하고, 그것이 필요해져서 계속 매여 있게 된다.

감각으로 지각되는 사물들은 감각적인 것으로는 실재하지만, 선으로는 실재하지 않는다.

가상은 충만한 실재성을 갖지만, 오직 가상으로서 그렇다. 가상 아닌 것으로는 오류다.

이 세상 사물들에 관련된 환상은 그 존재가 아니라 가치에 관련된다. 동굴의 비유는 가치에 관한 것이다. 우리는 선을 모방하는 그림자만을 소유한다. 또한 그 선과 관련하여 우리는 사슬로 묶여 갇혀 있다(집착). 우리는 우리 앞에 나타나는 거짓된 가치들을 받아들인다. 스스로 행동한다고 믿지만, 실제로는 꼼짝하지 않는다. 가치 체계가 그대로이기 때문이다.

실제로 이루어졌어도 상상적인 행위들. 자살을 시도하다가 살아난 사람은 전과 다름없이 매여 있다. 그의 자살은 상상적인 것이었다. 아마도 자살은 언제나 상상적일 것이다. 그래서 금지되었다.

엄밀하게 말해서 시간은 존재하지 않고(한계로서의 현재만이 예외다), 그럼에도 불구하고 우리는 시간에 종속된다. 그것이 우리의 조건이다. **우리는 존재하지 않는 것에 종속된다.** 수동적으로 시간을 견디든(육체적 고통, 기다림, 회한, 후회, 두려움), 시간을 조작하든(순서, 방법, 필연), 우리는 존재하지 않는 것에 종속된다. 하지만 그 종속은 존재한다. 우리는 상상의 사슬에 실제로 묶여 있다. 실재하지 않는 시간이 모든 것과 우리 자신에 비실재성의 장막을 씌운다.

수전노에게 재물은 선의 모방의 그림자다. 그에게 재물은 이중으로 비실재적이다. 수단(돈)은 이미 그 자체로 선과 다르다. 하지만 수단이라는 기능을 벗어나 목적이 되면 선과 더 다르다.

감각은 가치 판단에 있어서 비실재적이다. 우리에게 사물들은 가치로서 비실재적이다. 대상에 거짓 가치를 부여하면 대상의 지각에서 실재성이 사라진다. 지각이 상상에 빠지기 때문이다.

따라서 있는 그대로, 거짓 가치라는 안개 너머로 보기 위해서는 집착에서 완전히 풀려나야 한다. 그래서 세계의 아름다움이 욥에게 드러나기 위해서 종기와 두엄이 필요했다. 고통 없이는 집착을 버릴 수 없기 때문이다. 집착에서 벗어나지 않고서는 증오와 거짓 없이 고통을 감내할 수 없다.

하늘 바깥으로 얼굴을 내민 영혼은 존재를 먹는다.

하늘 안쪽에 머무는 영혼은 사람들의 의견을 먹는다.

필연은 그 본질에 있어서 상상과 거리가 멀다.

지각에 있어서 실재적인 것, 지각을 꿈과 구별해주는 것은 감각이 아니라 그 감각에 싸여 있는 **필연**이다.

"어째서 다른 게 아니라 이것인가?"

"그렇게 되어 있다."

영적인 삶에 있어서 환상과 진실 역시 같은 방식으로 구별된다.

지각에 있어서 실재적인 것, 지각을 꿈과 구별해주는 것은 감각이 아니라 필연이다.

동굴 안에 있으면서 눈을 감고 여행을 상상하는 사람들과 실제로 여행하는 사람들의 차이. 영적인 것 안에도 실재인 것과 상상인 것이 있으며, 역시 **필연**이 차이를 만든다. 그냥 고통으로는 안 된다. 상상의 고통도 있기 때문이다. 내적인 감정에 있어서 그보다 기만적인 것은 없다.

영적인 영역에서 상상을 어떻게 실재와 구별할까?

상상의 천국보다 실재의 지옥을 택해야 한다.

낮은 곳의 상태와 높은 곳의 상태의 차이. 높은 곳에는 중첩된 여러 면이 공존한다.

겸손의 목적은 영적 성장에 있어서 상상의 것을 파괴하는 데 있다. 실제 성장하면서도 자신이 한참 멀었다고 생각하면 아무 문제가 없다. 빛이 여전히 작용하고 있고, 그 빛의 근원은 사람들의 의견이 아니기 때문이다. 실제 성장한 것보다 스스로 훨씬 앞선다고 생각한다면 문제가 많다. 다른 사람들의 의견이 작용하기 때문이다.

실재의 것은 단단함과 거친 표면으로 판별할 수 있다. 그리고 그 안에는 쾌적함이 아니라 기쁨이 있다. 쾌적한 것은 몽상이다.

상상하지 않으면서 사랑하려 해볼 것. 아무것도 걸치지 않은 모습 그대로 그 어떤 해석도 덧붙이지 않으면서 사랑할 것. 그럴 때 우리는 진정으로 신을 사랑한다.

절대적인 선을 경험한 뒤에 환상적이고 부분적인 선들을 다시 만나기도 한다. 하지만 그것은 어떤 한 가지 선에 대한 추구가 다른 어떤 선에 마음을 쓰는 데 지장을 주지 않게끔 하는 위계적 질서 속에서 이루어진다. 선들을 이어주는 위계는 그 선들에 대해 초월적인 질서이고, 절대적인 선의 반영이다.

이미 논증적인 이성(관계들에 대한 지적 이해)이 선과 악을 제한되고 뒤섞인 것으로 간주하고 서로에게 유입되게 함으로써 우상 숭배를 없애는 데 도움을 준다.

선이 악으로 이행하는 지점('~인 한에서' '~인 정도에서' '~에 관하여' 등)을 분간해낼 것.

비례 관계의 법칙을 넘어설 것.

문제는 언제나 시간과의 관계이다. 시간을 소유한다는 환상을 버릴 것. 육체를 가질 것.

인간은 상상력으로 인해 육체에서 분리되었기에 육화를 완수해야 한다. 우리 안에서 사탄으로부터 온 것, 그것은 바로 상상력이다.

상상의 사랑을 치료하는 법. 자기 안의 최소한을, 절대 거절할 수 없는 그 최소한을 신에게 바칠 것. 그리고 그 최소한이 언젠가 최대한 빨리 전체가 되기를 바랄 것.

자리 바꾸기. 동일한 낮은 성향들(예를 들면 남에게 이기고 싶은 욕망)을 유지하면서도 그것들에 높은 목표를 부여했기 때문에 자기가 높아진다고 믿기.

반대로 낮은 목적에 높은 성향을 연결시킨다면 높아질 것이다.

모든 정열 속에는 경이로움이 있다. 도박꾼은 성자처럼 밤을 새우며 단식할 수 있다. 때로는 예지력도 발휘한다.

도박꾼이 도박을 사랑하듯 신을 사랑하는 것은 아주 위험하다.

무한을 어느 높이에 놓을지 유의할 것. 유한만 놓일 수 있는 높이에 무한을 놓으면, 그것을 어떻게 부르는지는 중요하지 않다.

내 안의 낮은 부분들이 신을 사랑해야 한다. 그러나 지나치게 사랑해서는 안 된다. 그렇다면 신이 아니다.

우리가 목마르고 굶주리듯, 내 안의 낮은 부분들이 사랑하길. 가장 높은 것만이 충족될 권리가 있다.

십자가의 성 요한*이 느낀 신에 대한 두려움. 자격도 없이 신을 생각하는 두려움일까? 신을 잘못 생각함으로써 신을 더럽히는 두려움일까? 그런 두려움 때문에 낮은 부분들이 신으로

* 16세기 에스파냐 수도원 운동의 개혁자로, 명상 수도회인 '맨발의 카르멜회'를 공동 설립했다. 신비주의적 사상을 노래한 『어두운 밤*La noche oscura*』을 썼다.

부터 멀어진다.

육신은 신을 사랑하지 않으려 하기 때문에 위험하다. 하지만 육신이 무턱대고 신을 사랑하려 하는 것도 위험하다.

어째서 편견과 싸우려는 의지가 오히려 그 편견에 빠져 있다는 확실한 표시가 될까? 그런 의지는 편집적 상태에서 나오기 때문이다. 벗어나려 애썼지만 노력이 결실 맺지 못한 것이다. 그럴 때는 오직 주의력의 빛만이 효과를 갖고, 그 빛은 논쟁적인 의도와 양립할 수 없다.

프로이트의 학설은 편견과 싸우는 사명을 갖지만, 사실은 바로 그 편견에 빠져 있다. 성적性的인 것은 비천하다는 편견이다.

성 에너지를 생리적 기반으로 하는, 욕망하고 사랑하는 능력 자체를 신으로 향하게 하는 신비주의가 있고, 그러한 신비주의를 잘못 모방하여 욕망하고 사랑하는 능력을 본능이 이끄는 방향에 맡긴 채로 상상의 대상을 부여하며 신이라는 명찰을 붙이는 가짜 신비주의가 있다. 둘 사이에는 본질적인 차이가 있다. 이 두 가지 작용은 명확하게 구별하기 어렵다(두번째 신비주의는 방종보다 못하다). 하지만 불가능하지는 않다.

신과 초자연은 우주 안에 형체 없이 숨어 있다. 신과 초자연은 영혼 속에 이름 없이 숨어 있는 게 좋다. 그러지 않았다면 상상적인 것이 초자연의 이름으로 불렸을 것이다(그리스도에게 먹을 것과 입을 것을 준 사람들은 그가 그리스도라는 사실을 몰랐다). 고대의 비교秘敎에 담긴 의미가 바로 그것이다. 그리스도교(가톨릭과 프로테스탄트)는 성스러운 것에 대해 너무 많이 말한다.

도덕과 문학. 우리의 실제 삶은 4분의 3 이상이 상상과 허구로 이루어진다. 인간이 선과 악을 진짜로 접하는 것은 아주 드문 일이다.

우리를 신에 다가가게 하지 못하는 학문은 그 어떤 가치도 갖지 않는다.

다가가지만 잘못 다가가게, 즉 상상의 신에게 다가가게 하면, 더 나쁘다.

자연이 내 안에서 기계적으로 하는 일을 내가 하는 일이라고 믿어서는 안 된다. 성령이 한다고 믿는 것은 더 나쁘다. 진실에서 더 멀어진다.

상관관계의 유형들과 상반되는 것들의 교환.

(신을 포함하여) 위대한 것에 전적으로 헌신하면서 자기

안의 낮은 것들은 멋대로 풀어두기.

자신과 위대한 것 사이의 무한한 거리를 묵상함으로써 나를 그 위대함의 도구로 삼기.

두 유형을 구별하는 기준은 무엇인가?

단 한 가지 기준. 잘못된 상관관계는 무한해서는 안 되는 것을 무한하게 만든다.

인간들(지고의 성성이나 천품을 가진 사람은 예외이다)에게 참이라는 인상을 주는 것은 거의 어김없이 거짓이며, 참된 것은 거의 어김없이 거짓이라는 인상을 준다.

참된 것을 표현하려면 노력이 필요하다. 참된 것을 받아들이기도 마찬가지다. 거짓 혹은 적어도 피상적인 것을 표현하고 받아들이는 데는 노력이 필요 없다.

참이 최소 거짓만큼이라도 참되어 보이는 것은 성성과 천품의 승리다. 그래서 성 프란체스코*는 연극 조로 얘기하는 통속적인 연설가처럼 청중을 울렸다.

인간 문명의 몇 세기든 개인의 몇 년 또는 몇 십 년이든, 시간의 지속은 다윈의 말대로 적응하지 못한 것을 도태시킨다. 모든 것에 적응하면 영원하다. 그것이 바로 우리가 경험이라 일

* Francesco(1182~1226). 이탈리아 가톨릭 교회의 성인으로, 청빈한 삶을 추구한 탁발수도회인 프란체스코회를 세웠다.

컫는 것의 진가이다. 하지만 거짓이 갑옷이 될 수 있다. 인간은 거짓을 갑옷으로 삼아 그 갑옷 없이는 죽음을 맞게 될 사건들에서 살아남게 해준다(자존심은 치욕을 겪고 살아남는다). 그 갑옷은 적응하지 못하는 자가 위험에 대처하기 위해 분비해낸 분비물이다(자존심은 치욕을 견디는 동안 내면의 거짓을 두껍게 쌓아간다). 영혼 속에는 일종의 식세포가 있다. 시간의 위협에 처한 모든 것은 죽음을 피하기 위해, 위험이 닥쳐오는 정도에 따라 거짓을 분비한다. 진리를 사랑하려면 죽음을 온전히 받아들여야 하는 것은 그 때문이다. 그리스도의 십자가만이 앎으로 들어가는 문이 될 수 있다.

내가 저지른 죄를 모두 신의 은혜로 여길 것. 나의 깊은 곳에 숨겨진 본질적인 결함이 어느 날 어느 시각 어느 상황에서 부분적으로 내 눈에 나타난 것은 신의 은혜이다. 나는 내 사유의 시선이 감당할 수 있는 한 나의 결함이 송두리째 내 눈에 나타나기를 바라고 간청한다. 나의 결함을 고치기 위해서가 아니다. 결함이 고쳐지지 않는다 해도 내가 진실 안에 있기 위해서이다.

가치 없는 것들은 빛을 멀리한다. 이 세상에서는 육신 속에 숨을 수 있다. 죽음이 닥치면 더는 그럴 수 없다. 빛에 노출된다. 경우에 따라 그것은 지옥이거나 연옥이거나 천국이다.

육신의 거부감 때문에 우리는 선에 다가가게 해줄 노력을 앞에 두고 뒤로 물러선다. 육신의 거부감은 노력에 대한 게 아니다. 그것은 선에 대한 거부감이다. 올바르지 않은 일이라도 자극만 충분히 강하면 그것을 해도 죽지 않을 것임을 아는 육신은 무엇이든 받아들인다. 심지어 올바르지 않은 것을 위해 죽게 된다 해도, 진짜 죽는 것은 영혼 속 육신의 부분이 아니다. 영혼 속 육신은 신과 마주해야 죽는다.

그래서 우리는 내면의 빈자리를 피한다. 신이 들어올 수 있기 때문이다.

죄를 만드는 것은 쾌락의 추구와 노력에 대한 거부감이 아니라, 신에 대한 두려움이다. 인간은 신과 마주하면 죽을 수밖에 없음을 알고, 죽음을 원하지 않는다. 그리고 죄를 지으면 신과 마주하는 일을 효과적으로 피할 수 있음을 안다. 쾌락이나 고통은 죄를 짓는 데 필요한 가벼운 추진력을, 그리고 그보다 더 필요한 핑계나 알리바이를 제공할 뿐이다. 옳지 못한 전쟁에 핑계가 필요한 것처럼, 죄에는 거짓 선이 필요하다. 자신이 악을 향해 가고 있다는 생각은 감당하기 힘들기 때문이다. 육신이 우리를 신에게서 멀어지게 만드는 게 아니다. 육신은 우리 자신과 신 사이에 우리가 치는 장막이다.

그것은 어느 정도에 이르러야 비로소 시작된다. 동굴의 비유가 잘 보여준다. 처음에는 몸을 움직이기 힘들고, 동굴 입구까지 오면 빛 때문에 힘들다. 빛 때문에 눈이 앞을 보지 못하고 상처 입는다. 눈이 빛에 맞서 저항한다.

그 순간부터는 우리가 범하는 모든 죄는 정말로 죽음에 이르는 죄*가 아닐까? 빛으로부터 숨기 위해 육신을 취하는 것은 죽음에 이르는 죄가 아닐까? 생각하면 끔찍하다.

차라리 나병에 걸리는 게 낫다.

만일 지금 죽음이 육신의 장막을 걷어버려 내가 신과 마주보게 된다면 나는 도망가고 말 테니, 신이 강제로 나를 붙잡아줘야 한다.

* 가톨릭 교리에서 '죽음에 이르는 죄'는 나약함으로 인해 생긴 용서받을 수 있는 소죄小罪와 달리, 속죄의 고행과 벌을 피할 수 없는 중한 죄를 말한다.

우상 숭배

우상 숭배는 인간이 절대적인 선을 갈망하지만 초자연적인 주의력을 갖지 못했거나 주의력이 자라나기까지 기다릴 인내심이 없을 때 생겨난다.

우상이 없으면 보통은 거의 날마다 빈 채로 고생해야 한다. 초자연의 양식이 없으면 해낼 수 없는 일이다.

그래서 동굴 속에서 살아갈 때 우상 숭배가 꼭 필요하다. 우상 숭배는 더없이 훌륭한 인간의 지성과 선의도 좁은 한계 속에 가둔다.

사고는 계속 변하고, 정념과 공상과 피로에 순종한다. 행동은 매일 긴 시간 동안 지속되어야 한다. 따라서 행동은 사고를 벗어난, 즉 관계들을 벗어난 동기들이 필요하다. 바로 우상이다.

사람은 누구나 자신이 사랑하는 것을 위해 죽을 각오가 되어 있다. 사랑하는 것이 어느 높이에 놓이는지, 사랑이 어느 정도 집중 혹은 분산되어 있는지가 다를 뿐이다. 그 누구도 자기 자신을 사랑하지 않는다.

인간은 이기주의자가 되고 싶겠지만, 그럴 수 없다. 그것이 인간의 비참함이 갖는 가장 놀라운 특성이며, 인간의 위대함의 원천이다.

인간은 항상 어떤 **질서**에 헌신한다. 단지 초자연적인 계시를 제외하면, 그 질서의 중심은 자기 자신 혹은 자신이 이입된(혹은 추상된) 어떤 특정한 존재(병사들에게는 나폴레옹, '과학' '정당' 등등)이다. 투시도법의 질서.

우리는 겸손을 얻으려 하지 않아도 된다. 겸손은 우리 안에 있다. 단지 우리는 거짓 신들 앞에 겸손하다.

사랑

사랑은 우리의 비참함을 드러내는 징표이다. 신은 오직 자기 자신만을 사랑할 수 있다. 우리는 다른 것만을 사랑할 수 있다.

신이 우리를 사랑하기 때문에 우리가 신을 사랑해야 하는 것은 아니다. 신이 우리를 사랑하기 때문에 우리는 우리 자신을 사랑해야 한다. 이러한 동기가 없다면 어떻게 스스로를 사랑할까?

이 에움길이 없으면 인간은 자기 자신을 사랑할 수 없다.

내 눈을 가리고 두 손을 지팡이에 사슬로 묶어두면, 그 지팡이는 나를 사물들과 분리시킨다. 하지만 나는 그 지팡이 덕분에 사물들을 탐색할 수 있다. 나는 지팡이만을 느끼고, 벽을 식별할 뿐이다. 피조물들이 사랑하는 능력도 마찬가지다. 초자연의 사랑은 오직 피조물들에게만 가닿고, 오직 신을 향해 간다. 신은 피조물들만 사랑하고(우리가 사랑할 다른 무엇이 있을까?), 하지만 오직 매개체로서 사랑한다. 남을 자기 자신처럼 사랑하는 일에는 자기 자신을 남처럼 사랑한다는 반대급부가 포함된다.

기쁨과 고통이 동일한 감사를 불러올 때, 신을 향한 사랑은 순수하다.

행복한 사람에게 사랑은 자신이 사랑하는 사람이 불행해졌을 때 그 고통을 함께 나누려 하는 것이다.

불행한 사람에게 사랑은 자신이 사랑하는 사람이 기쁨을 누리고 있다는 것을 알게 되는 것만으로도, 그 기쁨을 나누지 못해도 혹은 나누기를 바라지 않으면서도 만족하는 것이다.

플라톤이 보기에 육신의 사랑은 진정한 사랑의 타락한 형상이다. 인간의 순결한 사랑(부부간의 신의)은 육신의 사랑보다 덜 타락한 형상이다. 승화 개념은 오로지 현대의 어리석음 속에서 나올 수 있었다.

페드르의 사랑. 그 사랑이 힘을 행사하지도 겪지도 않는다. 그때까지는 순수하다. 검을 잡는 순간에 더럽혀진다.* 자루를 잡든 날을 잡든 마찬가지다. 사랑하는 사람에게 금속의 차가움은 사랑을 앗아가는 게 아니라 신으로부터 버림받았다는 느낌을 준다. 초자연적인 사랑은 힘과 절대 접촉하지 않는다. 그 힘의 차가움, 칼의 차가움으로부터 영혼을 지켜주지도 않는다. 충

* 라신의 『페드르』 2막 5장에서 페드르는 그동안 참아온 사랑을 고백한 뒤 이폴리트가 차고 있던 검을 뽑아 자살하려 한다.

분한 에너지를 가진 지상의 집착만이 칼의 차가움으로부터 영혼을 지켜줄 수 있다. 갑옷도 검과 마찬가지로 금속이다. 순수하게 사랑하는 사람에게 살인 행위는 자신이 가해자든 피해자든 영혼을 얼어붙게 만든다. 죽음까지 가지 않아도 폭력적인 것 전부가 그렇다. 영혼이 상처받지 않도록 지켜주는 사랑을 원한다면 신 아닌 다른 것을 사랑해야 한다.

사랑은 언제나 더 멀리 나아가려 한다. 그러나 한계가 있다. 한계를 넘어서면 사랑은 증오로 변한다. 변하지 않으려면 다른 것이 되어야 한다.

우리는 인간들 중에 자기가 사랑하는 이들의 존재만을 온전히 알아볼 수 있다.

다른 사람들도 그대로 존재한다고 믿는 게 **사랑**이다.

정신은 그 어떤 존재도 믿지 않아도 된다(주관주의, 절대적 관념론, 유아론唯我論, 회의주의. 정화를 위해 이러한 철학적 태도를 취한 우파니샤드, 도가道家, 플라톤을 볼 것). 그래서 존재와의 접촉 기관器官은 오직 받아들이기, 사랑이다. 그래서 아름다움과 실재는 동일하다. 그래서 기쁨과 실재감은 동일하다.

우리가 사랑하는 것을 창조하려는 욕구는 신을 모방하려는 욕구이다. 그러나 그것은 거짓 신성으로 기울어진 성향이다. 하늘 너머로 보이는 전범을 따르지 않는 한에는…

피조물들의 순수한 사랑. 신 안에서의 사랑이 아니라, 불을 통과하듯 신을 통과한 사랑. 피조물들로부터 완전히 떨어져 나와 신을 향해 올라가는, 창조하는 신의 사랑과 하나되어 다시 내려오는 사랑.

인간의 사랑을 찢어놓는, 반대되는 두 가지가 하나가 된다. 사랑하는 사람을 있는 그대로 사랑하기, 사랑하는 사람을 다시 창조하려 하기.

피조물들을 위한 상상의 사랑. 우리는 집착의 대상에 끈으로 매여 있고, 그 끈은 언제든 끊어질 수 있다. 상상의 신에게도 끈으로 매여 있는데, 상상의 신에 대한 사랑은 집착이다. 우리는 실제의 신에게는 매여 있지 않고, 따라서 끊어질 수 있는 끈이 존재하지 않는다. 실제의 신이 우리 안으로 들어온다. 오직 실제의 신만이 우리 안에 들어올 수 있다. 다른 모든 것은 밖에 머물고, 우리는 그 끈에 새겨진 긴장의 정도와 방향 변화를 통해 그것을 알 뿐이다.

사랑은 실재가 필요하다. 육체라는 겉모습을 통해 상상의 존재를 사랑할 경우, 어느 날 깨닫게 될 때 그보다 더 가혹한 일이 있을까? 죽음보다 가혹하다. 죽음은 적어도 사랑받은 사람이 존재했었음을 없애지는 못한다.

상상으로 사랑을 키운 죄에 대한 벌이다.

예술작품은 **존재한다**는 사실만으로 우리에게 힘을 준다. 누군가를 사랑하면서 예술작품에서 받는 것과 다른 위안을 찾는(혹은 주려는) 것은 비겁하다. 사랑하기와 사랑받기 모두 서로의 존재를 더 구체적이 되게 하고, 정신에 더 한결같이 현전하게 한다. 하지만 존재는 사고의 대상이 아니라 사고의 원천으로 현전해야 한다. 이해받기 원할 수 있지만, 자신을 위해서가 아니라 남을 위해서, 남을 위해 존재하기 위해서 원해야 한다.

우리 안에 비천한 혹은 범속한 것들은 순수성에 저항하고, 그 순수성을 더럽혀야만 살아남을 수 있다.

더럽히기, 그것은 바꾸기, 만지기이다. 우리가 바꿔보고 싶다는 마음을 가질 수 없는 것, 그것이 바로 아름다움이다. 장악하고 힘을 행사하면 더럽히게 된다. 소유하면 더럽힌다.

순수하게 사랑하기, 즉 자기가 사랑하는 것과 자기 자신 사이의 거리를 받아들이기. 그 거리를 소중히 여기기.

상상력은 늘 어떤 욕망에, 즉 어떤 가치에 연결되어 있다. 대상

없는 욕망만이 상상력을 갖지 않는다. 상상력으로 가려지지 않은 모든 것 속에는 신이 실제로 현전한다. 아름다움은 우리 안의 욕망을 사로잡아 그 대상을 없애고, 그 욕망에 현전하는 대상을 부여함으로써 미래로 도약하지 못하게 한다.

이것이 순결한 사랑의 대가다. 향락의 욕망은 미래 속에, 환상적인 것 속에만 자리 잡는다. 하지만 우리가 그저 한 인간이 존재하기를 바랄 뿐이라면, 그는 존재한다. 무엇을 더 바라겠는가. 이때 우리가 사랑하는 사람은 상상의 미래에 가려지지 않고 본 모습 그대로 실재한다. 수전노는 자기의 재물을 들여다볼 때마다 n배 더 큰 재물을 상상한다. 죽어야만 있는 그대로 볼 수 있다.

따라서 욕망이 미래를 향하고 있는지 아닌지에 따라 사랑이 순결한지 아닌지가 정해진다.

이런 의미에서 죽은 자들에게 바쳐진 사랑은, 미래를 전범 삼아 생각해낸 거짓의 불멸성을 향하지 않는 한, 전적으로 순수하다. 더 이상 새로운 그 어떤 것도 줄 수 없이 이미 끝난 삶을 욕망하기 때문이다. 죽은 사람을 두고 그가 존재한 적이 있기를 바라는데, 그 사람은 존재했었다.

정신이 더 이상 원칙이 되지 못한다면 목적도 될 수 없다. 그렇게 되면 어떤 형태를 취하든 집단적 '사상'은 영혼들의 의미 상실, 영혼들에 대한 경의의 상실과 긴밀하게 연결된다. 영혼은 곧 자체 안에 가치를 가졌다고 생각되는 인간 존재다. 한 여인의 영혼을 사랑한다면 그 여인을 쾌락과 연결지어 사랑하지 않아야 한다. 사랑은 이제 조용히 응시하는 법을 알지 못한다. 소유하려고만 한다(플라톤적인 사랑의 소멸).

자기 자신을 스스로의 눈에 명료하게 밝혀보지 않은 채로 남들이 이해해주기를 바라서는 안 된다. 그것은 우정 속에서 합당하지 않은 쾌락을 얻으려는 시도이다. 그리고 사랑보다 더 많이 우리를 타락시킨다. 그대는 우정을 위해 그대의 영혼을 팔게 되리라.

우정을, 정확히는 우정에 대한 몽상을 물리치는 법을 배울 것. 우정을 욕망하는 것은 커다란 과오이다. 우정은 예술 혹은 삶이 주는 기쁨처럼 무상無償의 기쁨이어야 한다. 우정을 거절할 때 비로소 우정을 받을 자격이 주어진다. 우정은 은총의 차원에 속한다("주님, 저에게서 떠나주십시오…"*). 우정은 잉여로 주어지는 것 중 하나다. 우정에 대한 꿈은 전부 깨져야 한다. 그대가 아직까지 한 번도 사랑받지 못한 건 우연이 아니니… 고독을 피하려는 바람은 비겁하다. 우정은 추구할 수도 꿈꿀 수도 바랄 수도 없는 것이다. 우정은 행해지는 것이다(우정은 하나의 미덕이다). 불순하고 혼돈스러운 여분의 감정을

* 「루카복음」 5장 8절.

없앨 것. 그뿐이다!*

혹은 (자기 안에서 가지치기를 지나치게 엄격하게 해서도 안 되므로) 우정에서 실질적으로 교환되지 못하는 것들을 잘 검토해보아야 한다. 우리에게 영감을 주는 우정이라는 미덕을 피할 필요는 없다. 단지 감정의 향락을 꿈꾸는 것이 철저히 금지되어야 한다. 그것은 부패이다. 음악이나 미술을 꿈꾸는 것만큼 어리석다. 우정은 아름다움처럼 현실에서 떨어지지 않으며, 아름다움처럼 기적이다. 기적은 그저 우정이 존재한다라는 사실 속에 있다. 스물다섯 살이면 청춘과 완전히 결별할 때이니…

그 어떤 애정에도 구속되지 말 것. 고독을 지킬 것. 언젠가 진실한 애정을 받는 날이 오면, 그때는 지금과 달리 내면의 고독이 우정과 대립하지 않을 것이다. 심지어 고독이라는 확실한 징표를 통해 우정을 확인하게 될 것이다. 그 밖의 애정들은 엄격하게 통제되어야 한다.

같은 말이라도(예를 들어, 한 남자가 아내에게 "사랑해"라고 말할 때) 어떻게 말하느냐에 따라 저속할 수도 있고 훌륭할 수도 있다. 의지는 개입할 수 없고, 말들이 존재의 어느 정도 깊이에서 나오느냐에 달려 있다. 그리고, 놀라운 일치로, 듣는 사람에게도

* 원문은 독일어다. "Schluss."

말들이 똑같은 깊이에 가닿을 수 있다. 따라서 분별력을 지닌 사람은 자기가 듣는 말들의 가치를 분간할 수 있다.

은혜를 베푸는 게 허용되는 까닭은 그것이 고통보다 더 큰 굴욕을 만들고 더 내밀하고 더 거부하기 힘든 종속 관계의 시련을 초래하기 때문이다. 은혜를 받으면 감사해야 하는 것도 같은 이유다. 누군가 베푼 은혜를 입으면 그렇게 해야 한다. 하지만 그때의 의존 관계는 운명에 대한 것이지 특정한 인간에 대한 것이 아니다. 그렇기 때문에 은혜를 베풀면서 자기 모습을 드러내서는 안 된다. 그리고 감사가 집착이 되어서는 안 된다. 개들이나 그렇게 한다.

무엇보다 도움을 베푸는 사람이 감사해야 한다. 도움이 순수한 것이라면 그렇다. 도움을 받은 사람도 감사해야 하지만, 오직 상호적이기 위해서 그렇다.

순수한 고마움을 느끼기 위해서는, (우정의 경우를 제외하고) 사람들이 나에게 호의나 특혜를 베풀며 잘해주는 것이 동정 혹은 변덕에 의해서가 아니라고, 본래 기질이 그래서는 더욱 아니라고, 단지 정의가 명하는 바를 행하려는 욕망에 의한 것이라고 생각해야 한다. 다시 말하면 나에게 잘해주는 사람은 자기와 같은 상황에 처한 사람 모두가 나와 같은 상황에 처한 사람 모두에게 자기와 똑같이 하기를 바란다.

창조. 조각나서 악 속에 흩어진 선.

악에는 한계가 없다. 그러나 끝이 없지는 않다.

끝없음만이 한계 없음에 한계를 지을 수 있다.

악의 단조로움. 새로움이 없고 모든 게 등가이다. 실재가 없고 모든 게 상상에서 온다.

이 단조로움 때문에 양量이 중요해진다. 많은 남자(셀리멘*) 혹은 많은 여자(돈 후안). 거짓의 끝없음이라는 형벌에 처해지기. 바로 지옥이다.

악은 방종이며, 그래서 단조롭다. 모든 것을 자기 자신으로부터 끌어내야 한다. 그런데 인간에게는 창조의 능력이 주어지지 않았다. 따라서 그것은 신을 모방하려는 잘못된 시도이다.

창조의 능력이 없음을 알지 못하고 인정하지 않기 때문에 많은 과오가 생겨난다. 우리는 창조 행위를 모방해야만 한다. 두 가지 모방이 있다(하나는 실재의 모방이고, 다른 하나는 겉모습의 모방이다). 보존하기와 파괴하기.

* 몰리에르의 희극 『인간혐오자*Le Misanthrope*』의 여주인공. 남자들이 흠모하는 젊고 아름다운 여인이다.

보존 속에는 '나'의 흔적이 없다. 파괴 속에는 있다. '나'는 파괴를 통해 세상에 자신의 흔적을 남긴다.

문학과 도덕. 상상의 악은 낭만적이고 다채롭다. 실재하는 악은 음산하고 단조롭고 삭막하고 지루하다. 상상의 선은 지루하지만, 실재하는 선은 언제나 새롭고 경이롭고 도취시킨다. 그러므로 '상상력의 문학'은 지루하든가 아니면 부도덕하다(혹은 두 가지가 섞여 있다). 문학이 지루함과 부도덕의 양자택일에서 벗어나려면, 예술의 힘을 빌려 어느 정도 실재 쪽으로 가야 한다. 천재들만이 할 수 있는 일.

열등한 덕은 선의 타락한 형상이다. 그런 덕은 뉘우침의 대상이다. 악을 뉘우치기보다 어렵다. 바리사이와 세리.*

반대되는 것들이 늘 그렇듯이, 악에 반대되는 선은 어떤 의미에서는 악과 같은 가치를 갖는다.

* 「루카복음」 18장 10~14절에서 스스로 의롭다고 자신하는 바리사이와 스스로 죄인임을 고백하는 세리의 기도를 비교하는 비유. "내가 너희에게 말한다. 그 바리사이가 아니라 이 세리가 의롭게 되어 집으로 돌아갔다. 누구든지 자신을 높이는 이는 낮아지고 자신을 낮추는 이는 높아질 것이다."

악은 선을 침범하지 않는다. 선은 침범되지 않는다. 우리가 침범할 수 있는 것은 타락한 선밖에 없다.

어떤 악에 직접적으로 반대되는 것은 결코 그보다 높이 있는 선이 아니다. 대부분 간신히 조금 위에 있는 선이다! 예를 들어 도둑질과 부르주아적인 사유재산 존중, 간음한 여인과 '정숙한 여인,' 저축과 낭비, 거짓말과 '진실성.'

선은 악과 본질적으로 다르다. 악은 여러 개이고 불완전한 조각들이지만, 선은 하나이다. 악은 피상적이고, 선은 불가사의하다. 악은 행동에 있지만 선은 비非행동에, 행하지 않는 행동에 있다. 악과 같은 수준에 있고 악에 대립한다고 여겨지는 선은 형법상의 선일 뿐이다. 그 너머에 자리 잡은 선은 그런 저급한 형태의 선보다는 차라리 악과 비슷하다. 그래서 수많은 민중 선동과 지겨운 역설들이 가능해진다.

악을 정의하는 방식으로 정의되는 선은 부정되어야 한다. 악은 그런 선을 부정한다. 하지만 잘못 부정한다.

악에 빠진 사람들에게서 양립 불가능한 악덕들의 결합이 일어날까? 그럴 것 같지 않다. 악덕들은 대부분 중력을 따르고, 따라서 악에는 깊이도 초월성도 없다.

선을 체험하려면 선을 실행하는 수밖에 없다.

악을 체험하려면 악을 행하지 않는 수밖에 없고, 이미 행했다면 뉘우치는 수밖에 없다.

악을 행할 때는 정작 악을 알 수 없다. 악은 빛을 피하기 때문이다.

우리가 행하지는 않으면서 생각하는 대로의 악이 존재할까? 우리가 행하는 악은 단순하고 자연스럽게 주어지지 않을까? 환상과 비슷하지 않을까? 환상에 사로잡히면 환상으로 느껴지지 않고 실재로 느껴지듯, 악도 그렇다. 악에 빠지면 그것이 악으로 느껴지지 않는다. 필연으로, 심지어 의무로 느껴진다.

우리가 악을 행하면, 그 악은 곧 일종의 의무가 된다. 대부분의 사람들은 나쁜 일과 좋은 일을 동시에 의무로 느낄 수 있다. 같은 사람이 가능한 한 비싸게 파는 것과 도둑질하지 않는 것을 동시에 의무로 느낄 수 있다. 그들에게 선은 악과 같은 수준에 있다. 그들의 선은 빛 없는 선이다.

죄 없이 고통 받는 사람은 죄를 느낀다. 진짜 죄는 느껴지지 않는다. 죄 없이 고통 받는 사람은 가해자 자신이 알지 못하는 참 모습을 안다. 죄 없이 고통 받는 사람 안에서 느껴지는 악은 가해자 안에 있지만, 가해자는 그 악을 느끼지 못한다. 죄 없는 사람은 죄를 고통으로만 안다. 죄지은 사람 안에서는 죄가 느껴지지 않는다. 죄 없는 사람 안에서는 죄 없음이 느껴지지 않는다.

죄 없는 사람이 지옥을 느낄 수 있다.

우리 안의 죄가 우리를 벗어나 밖으로 퍼져 가고, 죄의 형태로 전염된다. 그래서 우리가 화를 내면 주변 사람들도 화를 내게 된다. 윗사람으로부터 아랫사람에게 전해진 분노는 공포를 일으킨다. 하지만 완벽하게 순수한 사람과 접촉하면 변환이 일어나서 죄가 고통이 된다. 이사야의 의로운 자*가 그렇고 하느님의 어린 양이 그렇다. 대속의 고통도 그렇다. 로마 제국이 저지른 모든 죄의 폭력이 그리스도에게 와서 부딪혔고, 그리스도 안에서 순수한 고통이 되었다. 반대로 악한 인간들은 단순한 고통(예를 들어 질병 같은 것)을 죄로 바꾼다.

그러므로 대속의 고통은 사회적 기원을 갖는다. 인간들이 행하는 불의와 폭력이 그 기원임이 분명하다.

거짓의 신은 고통을 폭력으로 바꾼다. 진정한 신은 폭력을 고통으로 바꾼다.

속죄의 고통은 우리가 행한 악의 대가이다. 대속의 고통은 우

* 「이사야서」에는 이스라엘을 구원하러 올 '의로운 종'의 노래들이 나온다.

리가 갈망하는 순수한 선의 그림자이다.

악한 행위란 자기 안의 타락을 남에게 옮겨놓는 것이다. 그래서 우리는 악한 행위를 통해 풀려나려 한다.

모든 범죄는 행하는 사람으로부터 당하는 사람으로의 악의 전이다. 살인이 그렇고, 불륜의 사랑이 그렇다.

처형 기구는 여러 세기 동안 정화되지 않은 채로 악인들과 접촉해오면서 악에 물들었다. 그래서 처형은 처형 기구에 스며든 악이 새로 형을 당하는 사람에게로 옮겨 가는 전이일 때가 많다. 처형당하는 사람이 실제로 죄를 범했고 그 죄에 맞게 벌이 결정된 경우라도 마찬가지다. 진짜로 냉혹한 범죄자들에게만은 처형 기구가 해를 끼치지 못한다. 죄 없는 자에게는 끔찍한 해를 가한다.

악이 옮겨 가도 원래 그 악을 가지고 있던 이의 악이 줄어들지는 않는다. 오히려 늘어난다. 증식 현상. 악을 사물들에 옮겨도 마찬가지다.

그렇다면 악을 어디에 두어야 할까?

악을 자기 자신의 불순한 부분에서 순수한 부분으로 옮기고, 그럼으로써 그것을 순수한 고통으로 바꾸어야 한다. 자기 안에 있는 죄는 자기 자신에게 가해져야 한다.

하지만 곧 내적 순수의 지점이 더럽혀진다. 그 어떤 것으로도 더럽힐 수 없는 불변의 순수성과의 접촉을 통해 새로워지지 않는 한 그렇다.

고통이 죄로 바뀌지 않게 하는 것이 바로 인내다. 그것만으로도 죄를 고통으로 바꿀 수 있다.

악을 외부 사물들에 옮기면 사물들의 관계가 왜곡된다. 수, 비례, 조화처럼 정확하고 고정된 것은 왜곡에 저항한다. 내가 기운찬 상태인지 피로한 상태인지에 상관없이 5킬로미터 안에는 킬로미터 표시가 언제나 다섯 개뿐이다. 그래서 수數는 힘들어하는 우리에게 고통을 준다. 옮겨 가지 않으려고 버티는 것이다. 나의 내적 변화로 인해 변형되지 않을 만큼 정확한 것들에 주의를 기울이기. 그것은 내 안에서 어떤 불변의 것이 나타나길, 영원으로 다가가길 준비하는 것이다.

누군가 우리에게 행한 악을 우리가 이미 행한 악에 대한 치료제로 받아들일 것.

진정으로 치료제가 될 수 있는 것은 스스로 가한 고통이 아니라 외부로부터 주어진 고통이다. 부당한 고통이어야 한다. 우리가 부당하게 죄지었을 때 정당하게 고통받는 것으로는 충분하지 않다. 부당한 불의를 겪어야 한다.

순수성은 그 자체로는 어떤 폭력이 가해져도 줄어들지 않는다는 점에서, 절대 손상될 수 없다. 하지만 모든 악의 공격에 고통 받고 그것과 접하는 모든 죄가 고통으로 변한다는 점에서, 가장 손상되기 쉽다.

누군가 나에게 악을 행할 때 그 악이 타락하지 않기를 바랄 것. 나에게 악을 가하는 사람에 대한 사랑으로 그렇게 바라야만 그가 진짜로 악을 행한 것이 아니게 될 수 있다.

성자들(성자에 가까운 사람들)은 특히 악마에 더 많이 노출되어 있다. 그들은 자기 자신의 비참함을 알고, 그래서 빛을 거의 견디지 못하기 때문이다.

어떤 것이 선한 줄 알면서 선하기 때문에 증오하면 성령에 맞서는 죄를 짓게 된다. 선으로 향할 때마다 우리는 저항의 형태로 그런 죄를 느낀다. 선과 접촉하면 선과 악 사이의 거리를 알게 되고, 선에 동화되고자 하는 힘겨운 노력이 시작되기 때문이다. 그것은 고통이고, 우리는 두려움을 느낀다. 그 두려움은 아마도 선과의 접촉이 실재함을 보여주는 징표이다. 희망을 찾지 못해서 선과의 거리를 자각하는 일이 참기 힘들어지고, 그래서 고통이 증오로 바뀔 때에만 그에 상응하는 죄가 생긴다. 희망은 그에 대한 한 가지 치료제다. 하지만 더 좋은 치료제는 자기 자신에 대한 무관심, 비록 선에서 멀리 떨어져 있고 또 무한히 멀어질 운명으로 여겨지더라도 선이 선인 것을 다행스러워하는 것이다.

순수한 선이 아주 조금이라도 영혼 안에 들어오면, 아무리 사소한 배신도 가장 큰 죄악의 나약함보다 더없이 위험하다. 배신은 아무리 순간적일지라도 우리가 동의한, 순전히 내적인 사고의 움직임일 뿐이다. 지옥에 가담한다. 순수한 선을 맛보지 못한 영혼은 천국뿐 아니라 지옥과도 분리된다.

구원에 집착해야만 지옥을 선택한다. 신의 기쁨을 구하지 않고 단지 신 안에 실제로 기쁨이 있음을 아는 것으로 만족하는 사람은 쓰러질 수 있어도 배신하지는 않는다.

있는 그대로의 악을 통하여 신을 사랑할 때가 진정한 사랑이다.

있는 그대로의 악을 통하여 신을 사랑할 것. 우리가 증오하는 악을 통하여, 그 악을 증오하면서 신을 사랑할 것. 신을 지금 우리가 증오하고 있는 악을 만들어낸 이로 사랑할 것.

사랑과 악의 관계는 지성과 신비의 관계와 같다. 신비가 신앙의 덕을 초자연적인 것이 되게 하듯이, 악은 사랑의 덕을 초자연적인 것이 되게 한다. 악을 위해 보상과 정당화를 찾으려 한다면, 신비의 내용을 인간적 지성 앞에 가져다 놓으려 하는 것만큼 해롭다.

『카라마조프의 형제』에서 이반이 한 말. "이 거대한 건축물이 더없이 훌륭하다 한들, 이것을 얻기 위해 어린아이의 눈물 한 방울이라도 치러야 한다면 나는 거부하겠다."

나는 이 말에 전적으로 동의한다. 어린아이의 눈물을 대가로 치러야 한다면, 인간 지성이 생각해낼 수 있는 그 어떤 동기도 받아들일 수 없다. 하지만 단 한 가지, 초자연적인 사랑이 아니고서는 이해할 수 없는 이유, 즉 신이 원했을 때는 예외이다. 그런 이유 때문이라면 나는 어린아이의 눈물뿐 아니라 악에 지나지 않는 세계까지도 기꺼이 받아들일 수 있다.

죽음의 고뇌는 지고의 어두운 밤이다. 아무리 완전한 사람이라도 절대적인 순수성을 얻기 위해서는 그 밤이 필요하다. 그래서, 죽음의 고뇌는 쓰라린 편이 낫다.

선에서 선함을 제거하는 비실재성, 그것이 바로 악이다. 악은 언제나 선이 실재하는 지각 가능한 사물들을 파괴한다. 그러한 선의 실재를 인식하지 못하는 사람들이 악을 실행한다. 그렇게 볼 때, 누구도 자신의 의지로 악인이 되지 않는다. 힘의 관계에 따라서 부재가 현전을 파괴할 수 있는 권한을 갖게 될 뿐이다.

인간이 얼마만큼 악을 행하고 또 악을 겪는가를 생각하면 두려워질 수밖에 없다.

그 악으로 인해 신이 십자가에 못 박히는 고통을 겪었는데, 어떻게 그런 악을 보상할 수 있으리라 생각하겠는가.

선과 악, 실재성. 선은 인간과 사물에 보다 많은 실재성을 부여하고, 악은 그 실재성을 제거한다.

로마인들은 그리스의 도시에서 조각상들을 탈취해가면서 악을 행했다. 조각상들이 없어지면서 그리스인들의 도시들과 신전들과 삶의 실재성이 줄어들었기 때문이다. 또한 그 조각상들이 로마에서는 그리스에 있을 때만큼의 실재성을 갖지 못했기 때문이다.

조각상 몇 개를 지키기 위한 그리스인들의 비굴하고도 절망적인 탄원. 자신들의 가치 개념을 타인의 정신 속에 전날하기 위한 절망적인 시도였다. 그렇게 이해하면 조금도 저급하지 않은 일이다. 하지만 거의 필연적으로, 아무 소용이 없었다. 타인의 가치 체계를 이해하고 자신의 가치 체계와 같은 저울로 달아야 한다. 그런 저울을 만들 것.

계속해서 나쁜 것만 상상하는 것은 일종의 비겁함이다. 실재하지 않는 것을 통해 기쁨을 느끼고 알고 성장하기를 바라기 때문이다.

어떤 일들이 가능하다고 여기고 상상하기만 해도 이미 그 일에 발을 들여놓은 것이다(어떤 일의 가능성을 명확하게 파악하는, 덕에 꼭 필요한 일과는 다르다). 그렇게 되는 원인은 호기심이다. 어떤 생각들은 물리쳐야 한다(떠올리지 말라는 게 아니라, 계속 붙잡고 있어서는 안 된다). 생각하지 말 것. 사람들은 어떤 일을 생각하기만 하면 그 일에 발을 들여놓은 것은 아니라고 믿지만, 사실은 생각만으로도 이미 한 것이다. 사고의 방종은 이미 다른 모든 방종을 포함한다. 생각하지 않기, 지고의 능력. 순수는 행하지 않는 미덕이다. 잘못된 일을 상상하느라 시간을 보낸 뒤에, 그것을 말하고 행함으로써 상상을 사실이 되게 하고 그렇게 사회적 장벽을 제거하는 사람들을 만나게 되면, 이미 가망이 없다. 그보다 쉬운 일이 어디 있겠는가? 거기에는 단절점이 없다. 도랑이 보일 때는 이미 건너온 뒤이기 때문이다. 선의 경우는 정반대이다. 도랑을 건너야 할 순간, 뽑혀 나오고 찢기는 바로 그 순간에 도랑이 모습을 드러낸다. 인간은 선에는 빠지지 않는다. 저급함이라는 단어가 악의 그러한 속성을 말해준다.

악은 실행된 이후에도 여전히 비실재성을 지닌다. 범죄자들이 단순한 것은 그 때문이다. 꿈속에서는 모든 것이 단순하다. 지고의 덕이 갖는 단순성과 대조되는 단순성.

악은 정화되어야 한다. 그러지 않으면 삶이 불가능하다. 신만이 할 수 있는 일이다. 「바가바드 기타」*에 담긴 사상. 모세와 마호메트, 히틀러주의의 사상이기도 하다.

하지만 야훼나 알라, 히틀러는 지상의 신들이다. 그들이 행하는 정화는 상상의 정화이다.

악과 본질적으로 다른 것, 그것은 바로 악의 가능성, 악이 선으로 나타날 수 있다는 가능성을 명확히 인지한 덕이다. 버렸는데도 여전히 생각 속에 남아 있는 환상들의 존재가 진실을 판별하는 기준이다.

타인이 우리에게 더는 악을 행할 수 없게 되었을 때 비로소 우리는 타인에게 악을 행하는 게 끔찍하게 싫어진다(그럴 때 우리는 타인을 과거의 자신을 사랑하듯이 극한까지 사랑하게 된다).

인간의 비참함을 응시하면 신을 향해 가게 된다. 인간의 비참함은 자기 자신처럼 사랑하는 타인 속에서만 응시할 수 있다. 그대로의 자기 자신 속에서, 혹은 그대로의 타인 속에서는 응시할 수 없다.

인간들이 겪는 극단의 불행은 인간의 비참함을 만들어내지 않

* 고대 인도의 서사시 『마하바라타』에 나오는 시편으로 힌두교의 성전으로 불린다.

는다. 단지 드러내 보인다.

힘이라는 죄와 그 위력. 우리는 인간들 사이에 차이가 있다고 생각한다. 온 영혼을 쏟아도 인간의 비참함을 알 수 없고 또 받아들이지 못하기 때문이다. 그래서 공정함을 잃고, 자신과 타인을 구별하거나 타인 중에 몇 사람만 받아들이게 된다.

그것은 우리가 인간의 비참함이 각 인간 속에 가능한 한 최대로 크게 자리 잡은, 줄일 수 없는 일정한 양이라는 사실을, 위대함은 단 하나의 신으로부터 오기에 한 인간과 다른 인간은 같다는 사실을 알지 못하는 데서 비롯된다.

우리는 불행이 인간을 고귀하게 만들지 못한다는 사실에 놀라워한다. 그것은 우리가 한 불행한 인간을 생각하지 않고 그의 불행을 생각하기 때문이다. 실제 불행한 사람은 자신의 불행에 대해서 생각하지 않는다. 조금만이라도 불행을 덜어줄 것들을 무턱대고 갈망할 뿐이고, 그런 것들이 그의 영혼을 가득 채우고 있다.

어떻게 세상에 악이 없을 수 있겠는가? 세상이 우리의 욕망과 무관한 것이어야 한다. 정말로 악이 없고 우리의 욕망과 무관한 세상이라면, 우리의 욕망은 온전히 나쁜 것이 된다. 그래서는 안 된다.

피조물과 신 사이의 거리에는 각각의 단계가 있다. 신의 사랑이 불가능한 거리. 물질, 식물, 동물. 그 단계에서 악은 완전하고, 따라서 스스로 파괴된다. 더 이상 악이 없다. 신성의 순수함을 비추는 거울. 우리가 있는 단계에서는 사랑이 간신히 가능하다. 그것은 커다란 특권이다. 결합시켜주는 사랑은 거리에 비례하기 때문이다.

신은 가능한 최선의 세계를 창조한 것이 아니라, 모든 단계의 선과 악을 포함하는 세계를 창조했다. 우리는 그 세계가 최악인 곳에 있다. 그곳을 넘어가면 악도 죄 없음이 된다.

고통. 신에 대해 인간이 가질 수 있는 우월성. 이 우월성이 터무니없는 말이 되지 않기 위해서 신의 강생이 필요했다.

나의 고통을 그것이 유용하기 때문에 사랑해서는 안 된다. 있기 때문에 사랑해야 한다.

쓰라린 괴로움을 받아들일 것. 받아들임으로써 쓰라림이 줄어들어서는 안 된다. 만일 줄어든다면 받아들임이 갖는 힘과 순수성도 상응해서 줄어든다. 쓰라린 괴로움을 괴로움인 채로 받아들여야 한다. 이반 카라마조프처럼 말할 것. 그 어떤 것도 어린아이의 눈물 한 방울을 보상할 수 없다. 그럼에도 모든 눈물을, 눈물 너머의 셀 수 없이 많은 무서움을 받아들일 것. 보상이 들어 있을 수 있기 때문이 아니라, 그냥 있는 그대로 받아들일 것. 그것들이 존재함을 그것들이 존재한다는 이유만으로 받아들일 것.

이 세상에 불행이 없다면 우리는 스스로 천국에 있다고 믿게 될 것이다.

지옥의 두 가지 개념. 보통의 개념(위로가 없는 고통)과 나의 개념(가짜 지복至福, 천국에 있다는 착각).

육체적 고통이 더 순수하다(티봉). 그래서 민중이 더 고귀하다.

고통이 없어지거나 줄어들게 만들려고 애써서는 안 된다. 고통에 의해서 변질되지 않도록 애써야 한다.

그리스도교의 가장 큰 위대함은 고통에 대해 초자연적인 해결책을 얻으려 하지 않고 고통을 초자연적으로 사용하려 한다는 데 있다.

가능한 한 불행을 피하려고 노력해야 한다. 그래야 완전히 순수한 혹은 완전히 가혹한 불행을 만날 수 있다.

기쁨은 실재감이 충만한 상태이다.

　하지만 실재감을 누리면서 괴로움을 겪는 편이 낫다. 악몽에 빠지지 않은 채로 괴로워할 것. 고통이 어떤 의미로는 완전히 외적이고 또 어떤 의미로는 완전히 내적이 되길. 그러려면 오로지 감각 속에 머무는 고통이어야 한다. 그럴 때 고통은 (영혼의 영적인 부분들 밖에 머물기 때문에) 외적이고, (우리 자신에 집중되어 있어서 우주로 솟아올라 우주를 변질시키지 않기 때문에) 내적이다.

불행은 우리로 하여금 스스로 가능하다고 믿지 않는 것이 실재한다고 인정할 수밖에 없게 만든다.

불행. 시간은 생각하는 존재인 인간을 스스로 감당할 능력이 없는, 하지만 다가올 것 쪽으로 끌고 간다. "이 잔이 저를 비켜가게 해주십시오."* 일 초가 흐를 때마다 세상 속의 한 인간이 스스로 감당할 능력이 없는 것을 향해 끌려간다.

불행이 지속되다 보면 더 이상 견딜 수 없는, 그렇다고 벗어날 수도 없는 지점에 이르게 된다.

과거와 미래의 관계 밖에서는 고통도 아무것도 아니다. 하지만 인간에게 그 관계만큼 실재적인 게 있을까? 인간에게 그 관계는 바로 실재 그 자체이다.

미래. 우리는 미래가 내일 오리라고 생각한다. 영원히 오지 않으리라 생각하게 될 때까지 그렇게 생각한다.

두 가지 생각이 불행을 조금 덜어준다. 불행이 곧 끝나리라는 생각, 아니면 불행이 영원히 끝나지 않으리라는 생각. 불

* 「마태오복음」 26장 39절.

행은 있을 수 없는 일이거나 필연적이다. 불행이 그저 있다고는 생각할 수 없다. 그렇게는 견뎌낼 수 없다.

"불가능한 일이다." 불행이 계속 이어질 미래를 생각하는 게 불가능하다. 미래를 향하는 생각의 자연스러운 도약이 멈추고 존재는 시간 감각 속에서 찢긴다. "한 달 후에, 한 해 후에, 우리는 어떻게 고통을 겪게 될까요?"*

과거든 미래든 시간을 생각할 수 없는 인간. 물질 상태로 떨어진 인간이다. 르노 자동차 공장에서 일하게 된 백계 러시아인들. 물질처럼 복종하는 것을 배운다. 아마도 가까운 과거와 미래를 거짓으로 만들어냈을 것이다.

죄인이나 매춘부 들에게는 시간이 잘게 조각난다. 노예들도 마찬가지다. 불행의 한 가지 특징이다.

시간은 멋대로 강요한다. 유일한 강요이다. 다른 이들이 너에게 허리띠를 매어주고 네가 원하지 않는 곳으로 데려갈 것이다. 시간은 우리가 원하지 않는 곳으로 우리를 데려간다. 사형선고를 받고 기다리는 동안 시간이 멈춰버린다면 나는 처형되

* 라신의 비극『베레니스*Bérénice*』4막 5장에서 로마의 황제가 될 준비를 하는 티투스와 결별할 수밖에 없는 처지가 된 베레니스의 한탄이다.

지 않을 것이다. 하지만 아무리 무서운 일이 기다린다 해도 어떻게 시간이 멈추고 별들이 멈추기를 바랄 수 있겠는가. 시간의 강요는 영혼을 찢는다. 그 찢긴 틈으로 영원성이 들어온다.

문제는 결국 시간이다.

극단의 고통. 방향이 정해지지 않은 시간. 지옥 혹은 천국의 길. 영속성 혹은 영원성.

기쁨과 고통이 대립하는 게 아니다. 기쁨과 고통의 여러 종種들이 대립한다. 지옥 같은 기쁨과 고통이 있고, 치유해주는 기쁨과 고통, 천상의 기쁨과 고통이 있다.

우리는 본래 고통을 피하고 쾌락을 찾는다. 기쁨이 선의 형상이 되고 고통이 악의 형상이 되는 것은 오직 그 때문이다. 천국과 지옥의 그림들도 마찬가지다. 하지만 쾌락과 고통은 분리될 수 없는 서로의 짝이다.

고통, 가르침 그리고 변모. 입문자들은 배우지 않는다. 그들 안에서 가르침을 받기 적합한 상태로 변모가 일어나야 한다.

파토스는 **고통**(특히 죽음에 이르는 고통)과 **변화**(특히 불멸의 존재로의 변모) 모두를 의미한다.

지식의 원천으로서의 고통과 쾌락. 뱀은 아담과 이브에게 지식을 주었다. 세이렌은 율리시스에게 지식을 주었다. 영혼이 쾌락 속에서 지식을 얻으려다가 파멸하는 이야기들이다. 왜 그랬을까? 쾌락 속에서 지식을 얻으려 하지만 않는다면, 죄 없는 쾌락이 가능하다. 지식은 오직 고통 속에서 구해야 한다.

인간 안의 무한의 운명이 작은 쇳조각 하나에 달려 있다. 그것이 인간 조건이며, 공간과 시간이 그 원인이다. 그 작은 쇳조각을 조금만 움직여도 인간 안의 무한은 찢기는 아픔과 함께 순식간에 날 끝의 한 점이나 손잡이의 한 점으로 축소된다. 한순간에 존재 전체가 상처 입고, 신을 받아들일 자리가 완전히 사라진다. 심지어 그리스도마저도 신에 대해서 빼앗김밖에 생각할 수 없었다. 그래야 그리스도가 인간일 수 있다. 존재 전체가 신을 빼앗긴 상태가 된 것이다. 이제 어떻게 더 나아갈까? 그러고 나면 부활뿐이다. 거기까지 가기 위해 날카로운 쇳조각의 차가움을 겪어야 한다.

쇳조각이 닿을 때, 그리스도가 그랬던 것처럼 신에게서 분리되었다고 느껴야 한다. 그러지 않으면 그때의 신은 다른 신이다. 순교자들은 그렇게 느끼지 않았고, 그때의 신은 다른 신이었다. 순교자가 되지 않는 편이 나았을지 모른다. 순교자들이 신 안에서 고통 받고 죽어가며 기쁨을 느낄 때, 그 신은 이후 로마 제국이 공인한 신, 말살과 함께 강요된 신에 가깝다.

이 세계와 삶이 아무런 가치를 갖지 않는다고 주장하면서 악의 존재를 증거로 내세워봤자 말이 안 된다. 세계와 삶이 아무런 가치를 갖지 않는다면 악이 우리에게서 무엇을 앗아가겠는가.

불행 속에서 겪는 고통과 타인에 대한 연민은 우리의 기쁨이 충만할수록 더욱 순수하고 강렬해진다. 기쁨이 없는 사람에게서 고통이 무엇을 앗아가겠는가.

우리가 기쁨의 충만함을 지닐 때 고통과 기쁨의 관계는 배고픔과 먹을 것의 관계와 같다.

기쁨을 통해 실재의 계시를 경험한 뒤에야 비로소 고통 속에서 실재를 발견할 수 있다. 그러지 않으면 삶은 정도의 차이만 있을 뿐 그저 악몽일 뿐이다.

무無이고 빈자리인 고통 속에서 더욱 충만한 실재를 발견할 것.

마찬가지로, 죽음을 사랑하기 위해 삶을 깊이 사랑할 것.

죽음은 인간에게 주어진 것 중에서 가장 소중하다. 그래서 죽음을 제대로 사용하지 못하는 것은 최고의 불경不敬이다. 잘못 죽기, 잘못 죽이기(어떻게 자살과 살인을 다 피할 수 있을까). 죽음 다음에는 사랑이다. 비슷한 문제다. 잘못된 향락도 잘못된 금욕도 안 된다. 전쟁과 에로스는 인간들이 환상을 갖게 하는 두 가지 원천이다. 이 둘이 섞일 때 가장 불순하다.

폭력을 **효과적인** 비폭력으로 점진적으로 대체하도록 애쓸 것.

비폭력이 좋은 것이 되려면 효과적이어야 한다. 여동생 문제로 질문하는 한 젊은이에게 간디가 한 대답. 폭력을 쓰지 않더라도 폭력을 쓸 때처럼 동생을 지킬 수 있는 게 아니라면, 힘을 사용하라. 근육에 포함된 에너지(가장 물질적인 의미에서 가능한 효용성)와 동등한 에너지를 가진 빛을 발할 수 없다면, 그렇게 하라.

비폭력적일 수 있도록 노력할 것.

상대방에게도 달려 있는 일이다.

전쟁이 일어나는 원인. 모든 인간과 인간 집단이 스스로 이 우주의 합법적인 지배자이며 소유자라고 느끼기 때문이다. 하지만 그것은 잘못 이해한 것이다. 우주를 소유하려면 누구나 자신의 육신을 통해 다가가야 함을(물론 그것이 지상의 인간에게 가능한 일이라면) 알지 못하기 때문이다.

알렉산드로스 대왕과 토지를 소유한 농부의 관계는 돈 후안과 한 여자의 행복한 남편의 관계와 같다.

전쟁. 자기 안에 생명에 대한 사랑을 온전히 지켜낼 것. 자신의 죽음을 받아들이지 못하면서 남을 죽이지 말 것.

만일 누군가의 생명이 자기 생명과 이어져 있어서 하나가 죽으면 둘 다 죽게 되어 있다면, 그래도 상대가 죽기를 바랄 수 있을까? 육체와 온 영혼이 생을 갈망하면서도 진정으로 그렇다고 대답할 수 있다면, 그때는 죽일 권리가 있다.

십자가

칼을 쓰는 사람은 칼로 죽을 것이다. 칼을 쓰지 않는 (혹은 칼을 버리는) 사람은 십자가에서 죽을 것이다.

불구자들을 낫게 하고 죽은 이들을 살아나게 한 그리스도. 그리스도의 사명 중에서 보잘것없는, 인간적인, 저급하다고 할 만한 부분이다. 초자연적인 부분은 따로 있다. 피와 땀, 인간들에게 위안을 주려 했으나 채워지지 못한 바람, 고통을 면하게 해달라는 애원, 신에게서 버림받았다는 느낌.

십자가에 못 박히는 지고의 순간에 버림받기. 양쪽으로 더없는 사랑의 심연이다!

"나의 하나님, 나의 하나님, 어찌하여 저를 버리셨습니까?"

이것은 그리스도교의 신성함을 말해주는 진정한 증거다.

의로운 자가 되기 위해서는 맨몸으로 죽어야 한다. 상상력 없이 죽어야 한다. 의로움의 전범이 되는 이는 그래서 맨몸으로 죽었다. 십자가만이 상상의 모방을 허용하지 않는다.

신의 모방이 말에 그치지 않으려면 모방해야 할 의로운 인간이 있어야 한다. 하지만 우리가 의지를 넘어선 곳까지 가기 위해서는 그 모방을 원할 수 없어야 한다. 십자가는 스스로 원할 수 없다.

금욕주의나 영웅주의는 어떤 정도로든 마음대로 원할 수 있지만, 형벌의 고통은 스스로 선택할 수 없다.

십자가 형벌을 신을 향한 봉헌이라는 면에서만 생각하면 그 안에 담긴 구원의 신비, 구원을 위한 쓰라린 고통을 간과하게 된다. 순교를 바라는 것으로는 턱없이 부족하다. 십자가는 순교를 무한히 넘어선다.

가장 쓰라린 고통. 형벌의 고통. 그것이 진정성을 보장한다.

십자가. 죄악의 나무는 살아 있는 나무였지만, 생명의 나무는 그냥 나무 기둥이었다. 열매 맺지 못하는, 그저 수직으로 올라가는 것. "사람의 아들이 하늘로 올라가면 너희 모두를 이끌 것이다."* 우리 안의 생명의 에너지가 죽어도 상관없다. 수직 운동만 간직하면 된다. 올라가는 것만이 목표라면 나뭇잎과 열매는 에너지 낭비이다.

이브와 아담은 생명의 에너지 속에서 신성을 얻으려 했다. 나

* 「요한복음」 3장 13절과 12장 32절 참고.

무와 열매. 그러나 신성은 시신 하나가 매달린, 사각형으로 만든 죽은 목재 위에 준비되었다. 우리가 신과 닮았다는 비밀은 우리가 죽을 수밖에 없다는 데 있다.

신은 시간과 공간의 무한한 두께를 지나 우리의 영혼에 이르고, 전력을 다해 우리의 영혼을 사로잡는다. 신이 섬광 같은 한순간이라도 우리 영혼에서 순수하고 전적인 동의를 끌어낸다면, 우리 영혼은 신에게 정복된 것이다. 그렇게 온전히 신의 것이 된 우리 영혼을 신은 버린다. 완전히 혼자 버려둔다. 이제 우리의 영혼이 더듬거리며 사랑하는 사람을 찾아 나서야 한다. 시간과 공간의 무한한 두께를 지나야 한다. 신이 우리에게 오기 위해 지난 그 길을 우리 영혼이 반대 방향으로 가야 한다. 그것이 바로 십자가다.

신이 십자가에 못 박혔다. 유한한 존재, 필연과 공간과 시간에 매인 존재들이 생각을 하기 때문이다.

생각하는 유한한 존재로서 내가 십자가에 못 박힌 신임을 알 것.

신을, 그러나 십자가에 못 박힌 신을 닮을 것.

전능한 신을, 그러나 필연으로 묶인 신을 닮을 것.

프로메테우스, 인간을 너무도 사랑해서 십자가에 못 박힌 신. 이폴리트,* 너무 순수하고 또 신들을 너무 많이 사랑해서 벌

받은 인간. 인간적인 것과 신적인 것이 가까워지면 형벌을 초래한다.

우리는 신으로부터 가장 멀리, 신을 향해 되돌아가는 것이 불가능해진 극단의 한계에 있다. 우리 존재 속에서 신이 찢긴다. 우리는 신이 겪는 십자가형이다. 신의 사랑은 우리에게 수난이다. 어떻게 선이 고통 없이 악을 사랑할 수 있겠는가. 악도 선을 사랑하면서 고통 받는다. 신과 인간이 서로 사랑하는 것은 고통이다.

우리가 신과 우리 사이의 거리를 느낄 수 있도록 신은 십자가에 못 박힌 노예가 되어야 한다. 우리는 낮은 쪽을 향한 거리만 느낄 수 있기 때문이다. 십자가에 못 박힌 그리스도의 자리보다는 창조주 신의 자리에 서는 것을 상상하기가 훨씬 쉽다.

그리스도의 사랑의 크기, 신과 피조물 사이의 거리가 그 크기를 이룬다.

매개의 역할은 찢김을 내포하니…

* 라신의 『페드르』에 등장하는 아테네의 왕 테제의 아들. 테제는 이폴리트가 왕비 페드르를 유혹하려 했다는, 페드르의 유모 외논의 거짓 고백을 듣고 분노하여 이폴리트를 추방하고 넵튠에게 아들을 죽여달라고 청한다. 전차를 타고 해안을 달리던 이폴리트는 바다 괴물에게 목숨을 빼앗긴다.

찢김 없이는 신이 인간을 향해 내려오는 것도 인간이 신을 향해 올라가는 것도 생각할 수 없다.

우리는 신이 우리에게 오기 위해 지나온 시간과 공간의 무한한 두께를 지나야 한다. 신과 인간의 관계에서 가장 큰 것은 사랑이다. 그 사랑은 우리가 지나야 할 거리만큼 크다.

그 거리가 최대로 멀면, 사랑이 최대로 크다. 그래서 악은 끝까지, 그곳을 넘어서면 선의 가능성마저도 사라지는 한계까지 갈 수 있다. 악은 얼마든지 한계까지 갈 수 있다. 때로는 넘어서는 것처럼 보인다.

어떤 의미에서는 라이프니츠의 사상과 정반대다. 신의 위대함에 더 잘 부합된다. 정말로 신이 이 세계를 가능한 최상의 상태로 창조했다면, 이제 신이 할 수 있는 일이 거의 없기 때문이다.

신은 이 세계의 두께를 가로질러 우리에게 온다.

그리스도의 수난은 다른 모습이 조금도 섞이지 않은 완전한 정의正義의 존재를 보여준다. 정의는 그 본질상 행하지 않는다. 정의는 초월하거나 고통을 겪는다.

모든 감각적 구원을 빼앗긴, 감각적으로 느껴지는 신의 사랑까지도 빼앗긴, 순수하게 초자연적인 정의.

대속의 고통은 고통이 적나라하게 드러난 순수한 상태 그대로 실재로 존재하게 하는 고통이다. 존재를 구원한다.

우리가 성체성사의 축성을 통해 빵 한 조각을 지각할 때 신이 있듯이, 신은 대속의 고통과 십자가를 통해 극단의 악 속에 있다.

인간의 비참함으로부터 신에게로. 하지만 보상이나 위안이 아니다. 상호적인 관계여야 한다.

자신들을 신에 가까이 가게 해주는 것은 전부 좋다고 믿는 사람들이 있다. 나는 멀어지게 하는 게 좋다고 믿는다. 나와 신 사이에는 우주의 두께가 있고, 십자가의 두께가 더해진다.

고통은 죄 없음에 대해 전적으로 외적이고, 또한 전적으로 본질적이다.

흰 눈 위에 흘린 피, 죄 없음과 악. 악 자체가 순수하길. 악은 죄 없는 자의 고통의 형태로만 순수할 수 있다. 죄 없이 고통 받는 자는 악 위에 구원의 빛을 퍼뜨린다. 죄 없이 고통 받는 자는 우리가 볼 수 있도록 드러난 죄 없는 신의 형상이다. 따라서 인간을 사랑하는 신과 신을 사랑하는 인간은 고통 받아야 한다.

죄 없음은 행복하다. 또한 무한히 소중하다. 하지만 깨지기 쉬운 일시적인 행복이고 우연의 행복이다. 사과나무의 꽃. 행복은 죄 없음에 묶여 있지 않다.

죄 없음은 온 우주의 무게를 지탱한다. 평형추를 던져버린다.

인간은 스스로를 비움으로써 자기 자신을 둘러싼 우주의 압력에 노출된다.

신은 인간의 선택에 따라 힘 있는 존재이거나 완전한 존재로 나타난다.

저울로서의, 지렛대로서의 십자가. 상승의 조건으로서의 하강. 땅으로 내려오는 하늘은 땅을 하늘로 들어올린다.

지렛대. 올리고 싶을 때는 낮출 것.

"자기를 낮추는 이는 높아질 것이다"*와 마찬가지다.

은총의 영역에도 필연과 법칙들이 있다. "지옥에도 법이 있다"(괴테).** 천국도 마찬가지다.

모든 자유 의지와 우연을 배제하는 엄격한 필연이 물질 현상들을 지배한다. 영적인 일들은 자유롭지만, 그럼에도 불구하고 자유 의지와 우연은, 설령 가능하다 해도, 물질 현상보다도 더 적다.

1. 가장 작은 수. "1은 유일한 지혜다." 1은 무한이다. 우리는 수가 커질수록 무한에 다가간다고 생각한다. 사실은 멀어진다. 올라가기 위해서는 낮아져야 한다.

* 「루카복음」 14장 11절.

** 『파우스트』에서 파우스트가 메피스토텔레스에게 하는 말이다. "지옥에도 법이 있단 말인가? 잘됐구나. 그렇다면 너희 악마들과 마음놓고 계약을 맺을 수 있겠구나"(1권, 1413~1415).

1이 신이라면 ∞(무한)은 악마다.

인간의 비참함 안에는 신의 지혜의 비밀이 들어 있다. 쾌락은 다르다. 쾌락의 추구는 인공 낙원과 취기의 추구이고 성장의 추구이다. 그것은 우리에게 헛됨을 겪게 할 뿐이다. 우리의 한계와 비참함에 대한 응시만이 우리를 더 높은 곳으로 데려갈 수 있다.

"자기를 낮추는 이는 높아질 것이다."

우리 안의 상승 운동은 하강 운동에서 비롯된 것이 아니라면 모두 헛되다(헛되기보다 더 나쁘다).

몸의 저울.* 십자가에 못 박힌 몸은 바로 정의의 저울이다. 시간과 공간 속의 한 점으로 축소된 몸.

심판하지 말 것. 하늘의 아버지가 심판하지 않음을 본받을 것. 인간들이 신을 통해 스스로 심판해야 한다. 모든 인간이 다가오게 하고, 스스로 심판하게 하기. 저울이 되기.

그러면 심판하지 않는 진정한 심판자의 형상이 되고, 심판받지 않을 것이다.

* 원문은 라틴어다. "Statera facta corporis." 가톨릭의 성무일도 가운데 성금요일 저녁기도 중 하나인 「왕의 높은 깃발*Vexilla regis*」에서 십자가가 그리스도의 '몸의 저울'이 되었다고 노래하는 구절이다.

우주가 온 무게로 우리를 짓누를 때 균형추가 될 수 있는 것은 진정한 신뿐이다. 거짓의 신들은 제아무리 참된 신의 이름을 얻는다 해도 아무것도 할 수 없다. 악은 한정되지 않았다는 의미에서 무한하다. 물질, 공간, 시간이 그렇다. 이런 무한을 이겨낼 수 있는 것은 오로지 참된 무한뿐이다. 그렇기 때문에 십자가가 저울이 되었고, 그 위에서 연약하고 가벼운, 하지만 신이었던 육체가 온 세상의 무게를 들어 올렸다. "내게 지렛목을 주면, 이 세상을 들어 올리겠습니다."* 이 지렛목은 십자가다. 다른 게 있을 수 없다. 세상을 들어 올리는 지렛목은 세상과 세상 아닌 것의 교차점이어야 한다. 십자가가 그 교차점이다.

* 아르키메데스가 시라쿠사의 왕 히에론에게 한 말.

불가능

인간의 삶은 불가능하다. 하지만 불행만이 그 사실을 느끼게 한다.

불가능한 선. "선은 악을 부르고 악은 선을 부른다. 이것은 언제 끝날까?"

선은 불가능하다. 그러나 인간은 늘 선의 불가능성을 보지 않기 위해 멋대로 상상력을 발휘한다(우리를 부숴버리는 사건이 아니라면, 악의 한 부분을 은폐하고 가공의 선을 덧붙이기만 하면 된다. 심지어 부서졌는데도 그럴 수 있는 사람들도 있다). 또한 "필연의 본질이 선의 본질과 얼마나 다른지" 외면하려 하고 신을, 세상 어디에도 없는 선인 신을 진정으로 만나려 하지 않는다.

욕망은 불가능하다. 대상을 파괴하기 때문이다. 서로 사랑하는 연인들은 하나가 될 수 없고, 나르시스는 둘이 될 수 없다. 돈 후안, 나르시스. 무언가를 욕망한다는 것이 불가능하기 때문에 아무것도 아닌 것을 욕망해야 한다.

우리의 삶은 불가능이고 부조리다. 우리가 원하는 모든 것은 그것에 결부된 조건이나 결과와 모순되고, 우리가 제기하는 명제는 모두 반대 명제를 내포하며, 모든 감정은 반대되는 감정과 섞여 있다. 우리는 모순이기 때문이다. 우리는 피조물이고, 신이고, 신과 무한히 다르다.

모순만으로도 우리가 전부가 아니라는 증거가 된다. 모순은 우리의 비참함이며, 우리가 느끼는 비참함은 실재이다. 우리가 만들어낸 게 아니기 때문이다. 그것은 진짜다. 그래서 소중히 여겨야 한다. 그 밖의 모든 것은 상상이다.

불가능은 초자연을 향해 열린 문이다. 우리가 할 수 있는 일은 그저 그 문을 두드리는 것뿐이다. 열어주는 이는 따로 있다.

꿈에서 벗어나려면 불가능과 접촉해야 한다. 꿈속에는 불가능이 없다. 단지 무능이 있을 뿐이다.

"하늘에 계신 우리 아버지"라는 말에는 일종의 유머가 들어 있다. 정말로 당신들의 아버지라면, 어디 한번 아버지를 찾아 하늘로 올라가보라! 우리 몸은 지렁이와 마찬가지로 땅에 붙어 떨어지지 않는다. 그리고 하늘의 아버지는 우리에게 오려면 땅으로 내려오는 수밖에 없다. 강생은 신과 인간의 관계를 그려보는 방식 중에서 가장 이해할 수 없다. 강생은 그러한 이해할 수 없음을 가장 잘 보여준다. 강생은 불가능한 하강을 생각하는 가장 구체적인 방식이다. 그런데 어떻게 진리가 아닐 수 있겠는가.

우리가 맺을 수 없는 관계들은 초월을 보여주는 증거다.

우리는 알고 원하고 사랑하는 존재다. 우리가 알고 원하고 사랑하는 대상에 주의를 기울여보면, 그중에 **불가능**하지 않은 것이 하나도 없음이 분명히 드러난다. 오직 거짓만이 분명한 사실을 은폐할 수 있다. 그 불가능성을 의식하게 되면 우리는 사랑하고 알고 원하는 모든 것을 통해서 붙잡을 수 없는 것을 붙잡기를 욕망하게 된다.

아무리 노력해도 도저히 얻을 수 없어 보이는 것이 있다면 결국 그 높이에서는 넘어설 수 없는 한계가 있다는 뜻이고, 따라서 높이를 변경할 필요가 있다. 천장을 부수고 올라가야 한다. 원래의 높이에서 노력을 다하느라 지치게 되면 타락한다. 차라리 한계를 받아들이고, 한계를 응시하고, 그 쓰라린 고통을 음미하는 게 낫다.

동기와 에너지원이 착오일 때가 있다. 친구를 본 것 같다. 그에게 달려간다. 조금 가까이 갔을 때 내가 모르는 사람을 향해 달려가고 있음을 깨닫는다. 마찬가지로 상대적인 것과 절대적인 것을, 창조된 것들과 신을 혼동할 수 있다.

모든 개별적인 동기는 착오다. 동기가 제공하지 않는 에너지만이 좋은 에너지다. 신에 대한 복종, 즉 신은 우리가 상상하고 생각할 수 있는 모든 것을 넘어서므로, 무無에의 복종. 불가능하지만 동시에 필연적이다. 다시 말하면 초자연적이다.

선행. 어떤 행동을 그것이 절대적으로 불가능한 것임을 온 영혼으로 의식하면서 완수할 때가 좋은 행동이다.

선을 행하기. 어떤 행동을 하든 나는 그것이 선이 아님을 명확하게 안다. 선하지 않은 사람은 선을 행하지 않기 때문이다. "하느님 한 분 외에는 선한 이가 없느니라…"*

어떤 상황에서 무엇을 행하든 인간은 악을, 견디기 힘든 악을 행할 뿐이다.

우리가 행하는 모든 악이 우리 자신에게만 떨어지게 해달라고 청해야 한다. 그것이 바로 십자가다.

순수하고 불가능한 선을 향해서 우리의 주의력과 의지를 집중하면서, 그 어떤 거짓으로도 은폐하지 않으면서, 그렇게 행하는 행동이 선하다.

이 점에서 미덕은 예술적 영감과 지극히 유사하다. 말로

* 「루카복음」 18장 19절.

표현할 수 없는 영감을 통해 그것이 말로 표현될 수 없는 것임을 인정하면서 주의를 기울여 창작한 시가 아름답다.

모순

정신이 맞닥트리는 모순들, 유일한 실재, 실재를 판단하는 기준. 상상적인 것 속에는 모순이 없다. 모순은 필연을 가늠하는 시험이다.

존재의 가장 깊은 곳까지 느껴지는 모순, 그것은 찢김이다. 십자가.

어떤 것에 주의를 기울이면 그 안의 모순이 드러난다. 그리고 일종의 박리剝離가 일어난다. 그것을 견뎌내면 집착에서 벗어나게 된다.

반대되는 것들 사이의 상관관계는 모순되는 것들 사이에 존재하는 초월적 상관관계의 한 형상이다.

모든 참된 선은 모순되는 조건들을 포함하며, 따라서 불가능하다. 이러한 불가능에 진정으로 주의력을 고정시켜야 선을 행할 수 있다.

마찬가지로 모든 진리는 모순을 포함한다.

모순은 피라미드의 정점이다.

선이라는 단어는 선-악 상관관계의 한 항을 이룰 때의 의미와 신의 존재 자체를 나타낼 때의 의미가 다르다.

성자들의 영혼 안의 상반되는 덕들. 오르기의 비유가 적합하다. 내가 산 중턱을 오르는 동안 처음에 호수가 보이고, 더 올라가면 숲이 보인다. 호수나 숲 중에서 하나를 선택해야 한다. 호수와 숲을 모두 보고 싶다면 더 높이 올라가야 한다.

산을 빼고 생각하면 된다. 허공으로 이루어진 산. 우리는 그 산을 오를 수 없다. 위에서 우리를 끌어당겨야 한다.

실험적인 존재론적 증명. 나는 내 안에 상승의 원동력을 갖고 있지 않다. 하늘까지 허공을 오를 수 없다. 나의 생각을 나보다 더 나은 어떤 것으로 향하게 해서 그 어떤 것이 나를 끌어올리게 해야 한다. 내가 정말 끌어올려졌다면, 나를 끌어올린 어떤 것은 실재한다. 상상은 아무리 완전해도 나를 단 1밀리미터도 끌어올릴 수 없다. 상상의 완전성은 자동적으로 그것을 상상하는 나와 같은 높이에 놓이기 때문이다. 더 높지도 낮지도 않다.

이렇게 사고에 방향을 부여할 때의 효과는 자기 암시의 효과와 전혀 다르다. 만일 내가 매일 아침 "나는 용감하다, 두렵지 않다"고 말하면, 정말로 용감해질 수 있다. 하지만 그때 나의 용기는 현재의 불완전성 속에서 내가 용기라는 이름으로 그려보는 것에 지나지 않으며, 따라서 지금의 불완전성을 넘어서지는 못한다. 즉, 차원 자체가 바뀐 게 아니라 같은 차원에서의 변화이다.

모순의 여부가 기준이다. 자기 암시로는 양립 불가능한 것들을 동시에 가질 수 없다. 그것은 오직 은총만이 할 수 있는 일이다. 마음이 부드러운 사람이 자기 암시를 통해 용기를 내면 냉혹해지고, 일종의 야만적 쾌락으로 자신의 부드러움을 스스로 잘라낸다. 부드러움을 간직한 채로 용기를 혹은 용기를 간직한 채로 부드러움을 갖게 할 수 있는 것은 은총뿐이다.

어린 시절에 시작되어 죽을 때까지 지속되는 가장 큰 고통은 바라보는 것과 먹는 것이 서로 다른 작용이라는 점이다. 영원한 지복至福은 보는 것이 곧 먹는 것이 되는 상태이다.

우리가 이 세상에서 바라보는 것은 실재가 아니다. 그냥 장식이다. 우리가 먹는 것은 파괴된다. 더는 실재가 아니다.

죄 때문에 우리 안에 이러한 분리가 생겼다.

덕이라는 말을 그 진정한 의미로 파악한다면, 즉 덕에 대한 사회적인 모방을 배제한다면, 항시적인 처신으로서의 자연적 덕은 우리가 우리 안에 초자연적인 은총을 지녔을 때만 가능하다. 자연적인 덕의 지속은 초자연적인 일이다.

상반되는 것들과 모순되는 것들. 상반되는 것들의 관계가 자연적인 존재에 닿기 위하여 할 수 있는 것을 모순되는 사고들은 신에 닿기 위해서 한다.

신의 영감을 받은 사람은 행동과 감정과 사고가 우리가 볼 수 없는 끈으로 묶여 있다.

피타고라스의 사상. 선은 언제나 상반되는 것들의 결합으로 정의된다. 한 가지 악에 반대되는 것을 권장하면 결국 그 악과 같은 수준에 머문다. 반대되는 것을 시험하고 나면 다시 그 악으로 돌아가게 된다. 이것이 「바가바드 기타」에서 '상반되는 것들의 길 잃음'으로 이름 붙여진 것이다. 마르크스주의 변증법 역시 그렇다. 하지만 많이 타락하고 완전히 왜곡된 상태다.

상반되는 것들의 나쁜 결합. 마르크스주의가 발전시킨 노동자 제국주의. 갓 해방된 노예들의 건방짐에 대한 라틴어 경구들. 건방짐과 노예적 굴종은 서로를 악화시킨다. 공정한 무정부주의자들은 상반되는 것들의 결합 원리를 안개 너머로 보았고, 피압박자들에게 힘을 주면 악을 파괴할 수 있다고 믿었다. 불가능한 꿈.

상반되는 것들의 나쁜 결합과 좋은 결합에는 각기 어떤 특징이 있을까?

상반되는 것들의 나쁜(거짓이기 때문에 나쁘다) 결합은

반대되는 것들과 같은 차원에서 일어난다. 예를 들어, 피압박자들에게 지배권을 주기. 그렇게는 지배-억압 관계를 벗어날 수 없다.

상반되는 것들의 좋은 결합은 더 높은 차원에서 이루어진다. 즉, 지배-억압 대립이 균형이라는 법칙의 차원에서 해소된다.

마찬가지로 고통은 상반되는 것들을 결합에서 떼어낸 뒤 더 높은 차원에서 다시 결합한다(이것이 고통 고유의 작용이다). 고통-기쁨이 주기적으로 온다. 수학적으로는 언제나 기쁨이 우세하다.

고통은 폭력이고 기쁨은 온화함이다. 그러나 기쁨이 훨씬 강하다.

모순되는 것들의 결합은 찢김이다. 극단의 고통 없이는 불가능하다.

모순되는 것들이 관계를 맺으려면 집착에서 벗어나야 한다. 어떤 사물에 대한 집착은 그와 공존할 수 없는 모순되는 집착을 통해서만 파괴될 수 있다. 그래서 "원수를 사랑하라…" "누구든지 아버지와 어머니를 미워하지 않으면…" 같은 말이 나왔다.

우리는 상반되는 것들을 우리에게 복종시키거나, 아니면

우리가 상반되는 것들에 복종한다.

양립 불가능한 것들이 영혼 안에 동시에 존재한다. 동시에 양쪽으로 기우는 저울. 그것은 성성이고, 소우주의 실현이며, 세상의 질서에 대한 모방이다.

영혼 안에 동시에 존재하는 상반되는 덕들. 신을 붙잡기 위한 핀셋이다.

심오한 관찰로 개별적인 경우들을 설명해주는 인간 조건의 법칙들을 찾아내서 공식으로 나타내볼 것.

예를 들어 이렇다. 완전히 위에 있는 것은 완전히 밑에 있는 것을 조調옮김하여 되풀이한다.

악은 강함과 이어지고, 존재와 이어진다. 선은 약함과 이어지고, 무와 이어진다.

모든 악은 결핍이다. 모순되는 것들이 어떤 식으로 진실이 되는지 밝혀볼 것.

탐구 방법. 무언가를 생각했으면 곧 반대되는 것이 어떤 의미에서 진실인지 찾아볼 것.

악은 선의 그림자이다. 견고함과 두께를 지닌 실재하는 선은 악을 투사한다. 상상의 선만이 그렇지 않다.

모든 선은 악과 연결되어 있다. 선을 원하지만 그에 부응하는 악을 주위에 퍼뜨리고 싶지는 않을 때, 어차피 악을 피할 수는 없으니, 그 악을 우리 자신에게 집중시킬 수밖에 없다.

따라서 완전히 순수한 선을 원하려면 최후 단계의 불행을 자기 몫으로 받아들여야 한다.

선만을 원하는 것은 빛을 받는 물체와 그 그림자가 연결되듯이 선과 악은 연결되어 있다는 법칙에 어긋난다. 이 세계의 보편적인 법칙을 어기면 불행해질 수밖에 없다.

십자가의 신비는 모순 안에 있다. 그리스도는 스스로 제물이 되기를 동의했고, 그와 동시에 어쩔 수 없이 벌을 받았다. 십자가에서 제물이 되는 것만 생각한다면 우리도 기꺼이 원할 수 있다. 그러나 어쩔 수 없이 받는 벌은 원할 수 없다.

필연과 선의 거리

필연은 신의 장막이다.

신은 예외 없이 모든 현상이 세계의 작동 원리를 따르게 만들었다.

신 안에 복종을 비롯한 인간의 모든 덕과 유사한 것이 있다. 신이 이 세상의 필연에 마련해준 놀이.

필연. 신의 냉담과 공평함을 인간의 지성이 파악할 수 있도록 드러내주는 형상.

그러므로 보통의 관념으로서의 기적은 일종의 불경不敬(이차적인 이유가 없고 오직 일차적인 이유만 있는 사실)이다.

필연과 선의 거리는 피조물과 창조주의 거리다.

필연과 선의 거리. 끝없이 숙고해볼 것. 그리스의 위대한 발견. 트로이의 멸망이 그들에게 필연과 선의 거리를 가르쳐주었다.

악이 있다는 사실 외에 다른 무언가로 악을 정당화하려는 시도는 모두 이러한 진리에 어긋난다.

우리는 선-악의 짝이라는 감내하기 힘든 짐, 아담과 이브가 짊어진 그 무거운 짐을 던져버리기를 갈망한다.

그러려면 "필연의 본질과 선의 본질"을 혼동하든지 아니면 이 세상을 벗어나야 한다.

악을 정화시킬 수 있는 것은 신 아니면 사회라는 짐승뿐이다. 순수성은 악을 정화시킨다. 힘 역시 악을 정화시킬 수 있다. 물론 전혀 다른 방식이다. 무엇이든 할 수 있는 이에게는 모든 것이 허용된다. 전능한 이를 섬기는 자들 역시 전능한 그 안에서 무엇이든 할 수 있다. 힘은 우리를 선-악의 쌍에서 풀어준다. 힘을 행하는 자와 겪는 자 모두 풀어준다. 주인은 멋대로 할 수 있고, 노예도 마찬가지다. 손잡이든 뾰족한 날 끝이든 검은 견뎌내기 힘든 무거운 의무로부터 우리를 풀어준다. 은총 역시 우리를 풀어주지만, 은총에 다가가려면 의무를 거쳐야 한다.

한계를 벗어나기 위해서는 단일성을 향해 올라가거나 무한성을 향해 내려가야 한다.

한계는 신이 우리를 사랑한다는 증거다.

세계의 종말이 가까이 왔다는 믿음이 초기 교회의 행태를 낳았다. 그들이 "필연과 선 사이의 엄청난 거리를 망각"한 것은 세계의 종말에 대한 믿음 때문이었다.

신의 부재는 완전한 사랑에 대한 경이로운 증거이다. 그래서 선과 분명하게 구별되는 순수한 필연은 그토록 아름답다.

무한은 일자一者가 겪는 시험이다. 시간은 영원을 시험하고, 가능성은 필연을 시험하고, 변이는 불변을 시험한다.

학문이나 예술작품, 도덕 혹은 한 영혼의 가치는 각각이 이러한 시험을 얼마나 버티느냐로 가늠된다.

우연

내가 사랑하는 존재들은 피조물이다. 그들은 우연에서 태어났다. 내가 그들과 만난 것 역시 우연이다. 그들은 죽음을 맞을 것이다. 그들이 생각하고 느끼고 행하는 것은 제한되어 있고, 선과 악이 섞여 있다.

온 영혼으로 그것을 알면서도 전과 똑같이 사랑할 것.

신이 유한한 것들을 유한한 것으로서 무한히 사랑함을 본받을 것.

우리는 가치 있는 모든 것이 영원하기를 바란다. 그런데 가치 있는 모든 것은 만남으로 생겨났고 만남으로 지속하고 만남이 끝날 때 멈춘다. 불교의 중심 사상(헤라클레이토스*의 사상). 이 사상은 우리를 곧바로 신에게 데려간다.

내 아버지와 어머니를 만나게 해준 우연에 대한 명상이 죽음에 대한 명상보다 유익하다.

나에게 있어서 그 만남에서 비롯되지 않은 것이 있을까? 오로지 신뿐이다. 신에 대한 나의 생각은 그 만남에서 비롯되었다.

* Heraclitus(B. C. 540?~B. C. 480?). 고대 그리스의 철학자로, 세상만물은 서로 연관되어 있고 끊임없이 변한다고 보았다.

별들, 꽃이 만발한 과일나무들. 완전한 지속성, 반대로 극도의 덧없음, 모두 영원성의 느낌을 준다.

진보에 대한 이론, "어떻게든 두각을 나타내는 천재성"에 대한 이론이 나오는 것은 이 세상에서 가장 소중한 것들이 우연에 달려 있음을 받아들이기 힘들기 때문이다. 하지만 받아들이기 힘들기 때문에 더욱 응시해야 한다.

창조가 온전히 그렇다.

우연에 복종하지 않는 유일한 선은 이 세상의 바깥에 있는 선이다.

소중한 것들은 쉽게 상처받아서 아름답다. 그것은 존재한다는 징표이다.

트로이의 멸망. 만개한 과일나무에서 떨어지는 꽃잎. 가장 소중한 것은 존재 속에 뿌리내리고 있지 않음을 알아야 한다. 그것은 아름답다. 왜 그럴까? 영혼을 시간 밖으로 투사한다.

눈처럼 희고 피처럼 붉은 아이*를 바라는 여인은 그러한 아이

* 『백설공주』에서 공주의 어머니는 "눈처럼 희고 피처럼 붉고 흑단처럼 검은 아이"를 원한다.

를 얻는다. 그러나 여인은 죽음을 맞고, 아이는 계모에게 맡겨진다.

우리가 사랑해야 할 이는 부재한다

신은 부재의 형태로만 창조 속에 존재한다.

악, 그리고 신의 순결. 악이 없는 순결한 신을 생각하려면 신을 무한히 먼 곳에 놓아야 한다. 역으로 말하자면, 악이 우리에게 신을 무한히 먼 곳에 놓으라고 가르쳐준다.

이 세계에 신이 전혀 없다는 점에서, 이 세계가 바로 신이다.

필연은 절대 선이 아니라는 점에서, 필연이 바로 선이다.

이것이 불행 속에서 주어지는 모든 위로가 우리를 사랑과 진실에서 멀어지게 만드는 이유다.

신비 중의 신비다. 그 신비를 접하면 안전해진다.

"동방의 사막에서…"* 사막에 있어야 한다. 우리가 사랑해야 할 이가 부재하기 때문이다.

* 라신의 『베레니스』 1막 4장에서 로마의 황제가 될 티투스와 결혼할 생각에 행복에 젖은 베레니스에게 그녀를 오랫동안 사랑해온 코마게네의 왕 안티오쿠스가 이별을 고하며 하는 말이다. "동방의 사막에서 난 얼마나 지루할까요."

신에 대한 믿음에 생명을 거는 사람은 그 믿음을 잃을 수 있다.

그러나 신 자체에 생명을 거는 사람은 절대로 그것을 잃지 않는다. 결코 접촉할 수 없는 것에 생명을 걸기. 불가능한 일이다. 바로 죽음이다. 그것이 필요하다.

존재하는 것 중에 그 어떤 것도 절대적으로 사랑받을 만한 가치를 갖지 않는다.

그러므로 존재하지 않는 것을 사랑해야 한다.

사랑의 대상은 존재하지 않지만 허구는 아니다. 우리가 꾸며낸 허구들은 사랑받을 자격이 없는 우리만큼이나 사랑받을 자격이 없다.

선에 대한 동의. 포착할 수 있고 그려볼 수 있는 선에 대한 동의가 아니라, 절대적인 선에 대한 무조건적인 동의.

우리는 어떤 것이 선이라고 생각하며 동의하지만, 사실은 선과 악이 섞여 있다. 그런 동의는 우리 안에 선과 악을 만들어낸다. 따라서 우리 안의 선과 악의 비율은 변하지 않는다. 반대로 우리가 생각할 수 없고 또 앞으로도 생각할 수 없을 선에 대한 무조건적인 동의는 순수한 선에 대한 동의이고 오로지 선을 만든다. 그렇게 지속된다면 영혼 전체가 선이 될 수 있다.

신앙(자연적인 것을 초자연적으로 해석하는 것이 신앙이라면)은 초자연적인 경험을 기반으로 유추하는 추측이다. 신비적 명상의 능력을 지닌 사람들은 신의 자비를 경험했기 때문에 신이 곧 자비라고, 창조된 세계는 자비의 산물이라고 가정한다. 그러나 그 자비를 자연 속에서 직접 확인할 수 있다고 믿으려면 눈멀고 귀먹어야, 그 어떤 것에도 연민을 느끼지 않아야 한다. 따라서 자연 속에서 신의 자비의 증거를 찾으려는 유대인이나 회교도들은 비정하다. 그리스도교인들도 그런 경우가 많다.

그래서 인간의 미덕은 오직 신비주의 신앙에서만 나온다. 이 세계의 장막 뒤에 무한한 자비가 있음을 믿지 않는 것, 혹은 그 자비가 장막 앞에 있다고 믿는 것, 두 가지 모두 인간을 잔인하게 만든다.

이 땅에 신의 자비를 나타내는 네 가지 증거가 있다. 그것들은 명상의 능력을 가진 사람들에게 신이 허락한 은혜이다(그런 상태가 존재하며, 그것은 명상의 능력을 가진 사람들이 피조물로서 누리는 경험의 일부이다). 즉, 그들이 발산하는 빛. 그들 마음 안에 자리 잡은 신의 긍휼. 이 세계의 아름다움. 그리고 네번째 증거로, 이 땅에 철저히 부재하는 자비.

그리스도의 강생. 신은 공평하기 때문에 약하다. 신은 선한 자에게도 악한 자에게와 똑같이 해를 비추고 비를 내린다. 신의 무차별과 그리스도의 약함은 서로 응답한다. 신의 부재. "하늘나라는 겨자씨와 같다."* 신은 그 어떤 것에도 아무것도 바꾸지 않는다. 사람들은 그리스도가 그저 신이었을 뿐이기에 화가 나서 죽였다.

신이 나를 위해 일부러 고통을 보냈다고 생각하면 스스로를 대단한 인물로 여기게 된다. 내가 아무것도 아님을 가르쳐주어야 하는 고통의 중요한 쓰임새를 저버린 셈이다. 따라서 절대로 그렇게 생각해서는 안 된다. 고통을 통해 신을 사랑해야 한다.

내가 아무것도 아님을 사랑해야 한다. 내가 대단한 존재라면 얼마나 끔찍할까! 나의 무를 사랑할 것. 무라는 사실을 사랑할 것. 영혼의 장막 저편에 있는 부분으로 사랑할 것. 우리의 의식이 지각할 수 있는 영혼의 부분은 우리가 아무것도 아님을 결코 사랑하지 못한다. 두렵기 때문이다. 설령 사랑한다고 생각하더라도 실제로는 다른 것을 사랑하고 있다.

신은 선한 사람에게나 악한 사람에게나 똑같이 비를 내리고 해를 비추듯이 불행도 똑같이 내린다. 신은 그리스도만을 위해 십자가를 마련한 게 아니다. 신은 자기를 바라보는 눈길에

* 「마태오복음」 13장 31절.

응답하는 순전히 영적인 은총을 통해서만, 다시 말해 개인이 개인이기를 그치는 바로 그때, 그대로의 인간 개인과 접촉한다. 그 어떤 사건도 신이 베푸는 은혜가 아니다. 오직 은총만이 신의 은혜다.

성체는 선한 자들에게는 복이 되고 악한 자들에게는 화가 된다. 그래서 지옥 영벌에 처해져야 할 영혼들이 천국에 있다 해도, 그들에게는 천국이 지옥이다.

고통의 외침. "왜?" 『일리아스』 전편에 울려 퍼지고 있다.

고통의 이유를 설명하는 것은 그 고통에 대한 위로이다. 고통은 이유가 설명되지 않아야 한다.

그것이 바로 죄 없는 자들에게 주어진 고통의 최고 가치다. 죄 없는 신이 행하는 창조에 악이 용인되는 것과 비슷하다.

우리가 고통을 겪을 때 그것을 혐오할 수밖에 없는 것은, 부조리가 지성을 멈추게 하고 부재가 사랑을 멈추게 하듯, 우리의 의지의 작용을 멈추기 위해서다. 그렇게 해서 인간적 능력들이 한계에 이르렀을 때 인간이 손을 내밀고 멈춰 서고 바라보고 기다리게 하려는 것이다.

"무죄한 자의 고난을 그가 비웃으시리라."* 신의 침묵. 이 땅의 소리들은 신의 침묵을 모방한다. 아무런 뜻이 없다.

우리의 폐부 깊숙이까지 무언가를 뜻하는 말이 절실해질 때, 대답을 듣기 위해 소리쳐도 대답이 없을 때, 그럴 때 신의 침묵을 만난다.

피어오르는 연기를 보며 한가로이 형태들을 찾아보듯이, 상상으로 그 소리들 속에 말을 넣어볼 수 있다. 하지만 완전히 지쳤을 때, 즐길 힘이 남지 않았을 때는 진짜 말이 필요하다. 우리는 진짜 말을 얻기 위해 외친다. 그 외침은 우리의 폐부를 찢는다. 침묵만 돌아온다.

그런 상태가 지나가면 미친 사람처럼 혼잣말을 하는 사람들도 있다. 그들이 무엇을 하든, 연민 이상을 가질 필요는 없다. 침묵에 온 마음을 바치는 사람은 극히 드물다.

* 「욥기」 9장 23절.

서로 모순되는 두 가지 모두가 진실인 경우. 신은 존재한다, 신은 존재하지 않는다. 무엇이 문제일까? 나의 사랑이 환상이 아님을 전적으로 확신한다는 의미에서, 나는 신이 존재한다고 확신한다. 하지만 실재적인 그 어떤 것도 내가 신이라는 이름을 입에 올리면서 떠올릴 수 있는 것과 닮지 않았음을 전적으로 확신한다는 의미에서, 나는 신이 존재하지 않는다고 확신한다. 하지만 내가 떠올릴 수 없다고 환상은 아니다.

두 가지 무신론이 있다. 그중 하나는 신이라는 관념을 정화한다.

악에도 또 다른 양상이 있다. 선을 향해 나아가는 동안의 정화이다. 그리고 세번째 양상. 더 높은 선으로서의 악.

세 가지 양상을 잘 구별해야 한다. 혼동하면 생각하고 삶을 효과적으로 이끌어가는 일이 크게 위험해진다.

똑같이 신을 체험하지 못했다면 차라리 신을 부정하는 사람이 신과 더 가까이 있다.

접촉할 수 없다는 것을 제외하고는 모든 점에서 진짜 신을 닮은 가짜 신은 우리가 진짜 신에 영원히 이르지 못하도록 가로막는다.

신이 존재하지 않는 곳에 있는 우리는 존재하지 않는다는 것을 제외하고는 모든 점에서 진짜 신을 닮은 신을 믿는다.

우리 시대의 오류는 초자연이 없는 그리스도교에서 비롯된다. 세속화, 특히 인간 중심주의가 그 원인이다.

위안의 원천으로서의 종교는 진정한 신앙을 가로막는다. 그런 의미에서 무신론이 정화 작용을 할 수 있다. 내 안에서 신을 위해 만들어지지 않은 부분으로서는, 나는 무신론자여야 한다. 자기 안에서 초자연적인 부분이 깨어나지 못한 사람들은 신자가 아니라 무신론자가 되어야 한다.

가족 전부가 고문당해 죽었고 자신도 수용소에서 오랫동안 고문당한 사람. 혹은 부족이 몰살당할 때 혼자 빠져나온 16세기의 인디언. 신의 자비를 믿던 사람들이라도 더는 믿지 못하게 되고, 혹은 신의 자비를 전과 전혀 다르게 이해하게 된다. 나는 그런 일을 겪지 않았다. 하지만 그런 일들이 존재함을 알고 있다. 무슨 차이가 있을까?

신의 자비에 대해서 운명이 나에게 그 어떤 사건을 겪게 해도 사라지지 않고 변하지 않을 개념을, 어떤 인간에게라도 전달될 수 있을 개념을 지향해야 한다.

새로운 것들이 아니라 명백한 진리들을 자신의 전부를 쏟아붓고 인내심과 노력과 체계적인 방법을 동원하여 이해하려고 애쓸 것.

신앙의 단계들. 가장 범속한 진리라도 온 영혼을 사로잡으면 계시가 된다.

의지가 아니라 주의력으로 과오들을 치유하려 해볼 것.

의지는 가까이 있는 물건들을 옮겨놓기 같은 근육 운동에 힘을 미칠 뿐이다. 나는 손을 펴서 탁자 위에 얹고 싶을 수 있다. 내적 순수성, 혹은 영감, 혹은 생각 속의 진실성은 만일 그런 류의 태도에 이어진다면 의지의 대상이 될 수 있다. 하지만 그렇지 않다. 우리는 그것들을 원하며 간청할 뿐이다. 그렇게 간청한다는 것은 곧 하늘에 아버지가 존재함을 믿는 것이다. 더는 원하지 않으면? 그보다 더 나쁜 게 있을까? 마음속으로 애원하는 것만이, 그러면 그 일과 관련 없는 근육을 긴장시키지 않을 수 있기에 합당하다. 덕을 행하기 위하여, 시를 쓰기 위하여, 혹은 어떤 문제를 풀기 위하여 근육을 긴장시키고 이를 악무는 것만큼 어리석은 일이 있을까? 주의력은 전혀 다른 게 아닐까?

그렇게 긴장한 상태가 바로 오만이다. 오만한 자에게는 (이중의 의미에서) 은총이 없다. 그것은 오류의 결과다.

가장 높은 단계에서의 주의력은 기도와 같다. 믿음과 사랑을 상정한다.

그 어떤 것과도 섞이지 않은 주의력은 기도이다.

지성을 선으로 향하게 하면, 온 영혼이 조금씩 선으로 이끌려 가지 않을 수 없다.

극도의 주의력은 인간에게 창조 능력을 준다. 그런 주의력은 언제나 종교적이다. 한 시대의 창조적 천재성의 총량은 극도의 주의력의 총량에, 즉 그 시대의 진정한 종교의 총량에 정확히 비례한다.

잘못된 방식으로 찾기. 한 가지 문제에 묶인 주의력. 그 역시 빈자리를 두려워하는 현상이다. 우리는 자기 노력이 헛수고이기를 바라지 않는다. 악착같이 쫓기. 찾아내기를 원해서는 안 된다. 그러면 지나치게 헌신할 때처럼 노력의 대상에 종속된다. 우리는 외적인 보상이 필요하고, 때로 우연이 그런 보상을 제공하면 진실을 왜곡하면서라도 받을 준비가 되어 있다.

보상은 오직 욕망 없는(대상에 매이지 않은) 노력 안에 있다.

추구하는 대상 앞에서 뒤로 물러설 것. 간접적인 것만이 유용하다. 먼저 뒤로 물러서지 않는다면 아무것도 하지 못한다.

포도송이를 잡아당기면 포도알들이 땅에 떨어진다.

추구한 목표와 상반되는 결과를 맺는 노력들이 있다(예를 들어 믿음이 독실하고 성마른 여자들, 거짓 금욕주의, 몇 가지 헌신 등). 목표에 이르지 못한다 해도 언제나 유용한 노력들도 있다.

어떻게 구별할까?

처음 것은 내적인 비참함에 대한 (가짜) 부정을 동반하고, 두번째 것은 자기 자신의 상태와 자기가 사랑하는 것 사이의 거리에 집중하는 주의력을 동반한다.

사랑은 신들과 인간들에게 가르침을 준다. 배우려 하지 않으면 그 누구도 배우지 못한다. 진리는 진리이기 때문이 아니라 선이기 때문에 추구해야 한다.

주의력은 욕망과 이어져 있다. 의지가 아니라 욕망에, 더 정확히 말하자면 하겠다는 동의에 이어져 있다.

우리는 자기 안의 에너지를 풀어준다. 하지만 그렇게 풀려난 에너지는 곧 다시 묶인다. 어떻게 해야 에너지를 온전히 풀어줄 수 있을까? 자기 안에서 그 일이 일어나길 바라야 한다. 진정으로 바랄 것. 실행하려고 시도하지 말 것. 모든 시도는 헛되고 반드시 대가를 치러야 한다. 그냥 바라기만 할 것. 내가 '나'라고 지칭하는 모든 것이 수동적이어야 한다. 나에게서 필요한 것은 '나'가 사라져버릴 정도로 충만한 주의력뿐이다. 내가 '나'라고 부르는 모든 것에서 주의력의 빛을 거두어 인간의 이해력을 초월하는 곳으로 옮겨놓을 것.

어떤 생각을 완전히 떨쳐내는 능력은 영원성에 이르는 문이다. 순간 속의 무한.

유혹이 오거든, 환심을 사려는 남자가 말을 걸어와도 대답 없이 안 들리는 척하는 정숙한 여인을 본받을 것.

선과 악에 무관심해야 한다. 하지만 아무리 우리가 중립적으로 선과 악에 똑같이 주의력의 빛을 비춘다 해도, 선이 자동적으로 이긴다. 그것이 바로 핵심적인 은총이다. 또한 선의 정의이고, 선의 기준이다.

우리가 주의력을 흐트러뜨리지 않고 거두지 않는 한, 저항할 수 없이, 반드시 신적인 영감이 작용한다. 우리는 그 영감을 선택할 수 없다. 인정하길 거부하지만 않으면 된다.

사랑으로 신을 향해 (혹은 보다 낮은 단계에서는 진정으로 아름다운 모든 것을 향해) 주의력을 기울이면 더는 할 수 없게 되는 일들이 있다. 영혼 안의 기도처럼 행하지 않는 행동이 그렇다. 어떤 행동들은 일어나면 주의력을 가리게 되고, 역으로 주의력 때문에 불가능해지는 행동들도 있다.

영혼 안에 영원성의 점을 갖게 되면, 그 점은 씨앗처럼 스스로 자라나기 때문에 지켜내기만 하면 된다. 무장한 호위대가 꼼짝 않고 둘러싸서 지키게 하고 숫자들을, 고정된 엄밀한 관계들을 응시하면서 그 씨를 키울 것.

육체 속 불변의 것을 응시함으로써 영혼 속 불변의 것을 키워나갈 수 있다.

글을 쓰는 것은 아이를 낳는 것과 같다. 안 그러려 해도 저절로 지고의 노력을 쏟게 된다. 행동을 할 때도 마찬가지다. 지고의 노력을 쏟지 못할까 봐 걱정하지 않아도 된다. 단지, 자신을 속이지 않고 주의력을 기울인다는 조건하에서 그렇다.

시인은 실재하는 것에 주의력을 고정시킴으로써 아름다움을 산출한다. 사랑도 마찬가지다. 내가 존재하는 것만큼 저 배고

프고 목마른 남자가 존재함을 아는 것으로 충분하다. 나머지는 저절로 따라온다.

한 인간의 행동 속에 진실함, 아름다움, 선함이라는 진정한 가치들은 단 한 가지 똑같은 행위를 통해서 일어난다. 대상에 충만한 주의력을 쏟아야 한다.

교육은 주의력 훈련을 통해 그런 행동이 가능하게끔 준비하는 것만을 목적으로 해야 한다.

교육의 다른 장점들은 중요하지 않다.

학문과 신앙. 기도는 순수한 형태의 주의력이고 학문은 주의력의 훈련이다. 따라서 모든 학습은 영적인 삶의 굴절이야 한다. 그러려면 체계적인 방법론이 필요하다. 라틴어 시구를 짓는 어떤 방식, 기하학 문제를 푸는 어떤 방식은(모든 방식이 그렇지는 않다) 주의력이 기도에 보다 잘 부합되도록 하기 위한 훈련이다.

비유, 상징 등을 이해하는 방법. 그것들을 해석하려 하지 말고 빛이 솟아날 때까지 주시할 것.

일반적으로, 지성을 훈련시키는 방법은 주시하기이다.

실재와 환상을 구별할 때 이 방법을 적용할 것. 감각을 통한 지각에서 눈에 보이는 것이 확실하지 않을 때는 위치를 바꿔가며 바라보아야 한다. 그러면 실재가 나타난다. 내적인 삶에서는 공간 대신 시간이다. 시간이 지나면 변하게 되는 우리가 그 변화를 겪으면서도 여전히 동일한 것을 주시한다면 환상이 사라지고 실재가 나타난다. 주의력이 집착이어서는 안 되고 단지 시선이어야 한다는 조건하에서 그렇다.

의무에 매인 의지와 나쁜 욕망 사이에 갈등이 일어나게 되면 선에 연결된 에너지가 소모된다. 욕망의 공격을 자기 자신의 비참함을 체험하는 고통을 겪을 때처럼 수동적으로 감내해야 한다. 그렇게 선을 향해 계속 주의력을 쏟아야 한다. 그러면 에너지의 질이 높아진다.

욕망이 시간 안에서 방향을 잡지 못하게 해서 그 에너지를 훔쳐낼 것.

욕망이 얻으려 하는 것에는 끝이 없지만, 그 욕망을 만들어내는 에너지는 한정되어 있다. 그래서 우리는 은총의 도움으로 욕망을 다스릴 수 있고 또 욕망을 소모시킴으로써 파괴할 수 있다. 이를 명확히 이해하고 주의력이 이러한 진실과 계속 접할 수 있게만 하면, 이미 욕망을 이긴 셈이다.

"나는 더 좋은 것을 본다…"* 그럴 때 인간은 선을 생각하는

* 원문은 라틴어다. "Video meliora." 오비디우스의 『변신 이야기』 7권에서 메데이아가 하는 말이다. "나는 더 좋은 것을 보고

것처럼 보이고, 어떤 의미로는 선을 생각하는 게 맞다. 하지만 선이 가능하다고 생각하는 것은 아니다.

모순이라는 핀셋에 포착되는 빈자리가 높은 빈자리라는 데는 반박의 여지가 없다. 우리가 지성과 의지와 사랑이라는 자연적 능력을 연마할수록 그 빈자리를 더 잘 포착할 수 있기 때문이다. 낮은 빈자리는 그런 능력이 위축될 때 빠지게 되는 빈자리이다.

초월적인 것을 체험하기. 이 말은 모순되어 보인다. 하지만 우리는 오직 접촉을 통해서만 초월적인 것을 알 수 있다. 우리의 능력이 초월적인 것을 만들어낼 수는 없다.

고독. 고독의 가치는 무엇일까? 앞에 펼쳐진 것이라고는 물질인 것(하늘, 별, 달 그리고 꽃핀 나무들까지), 인간의 정신보다 (아마도) 가치가 낮은 것들뿐이지 않은가. 고독의 가치는 주의력을 더 많이 쏟을 수 있다는 데 있다. 앞에 사람이 있어도 똑같은 정도의 주의력을 기울일 수 있다면…

우리가 신에 대하여 아는 것은 신이 우리와 같지 않다는 것뿐

동의한다. 그러나 좋지 않은 것을 따라간다."

이다. 우리의 비참함이 신을 보여주는 형상일 뿐이다. 우리는 스스로의 비참함을 응시하는 만큼 신을 응시하게 된다.

죄는 바로 인간의 비참함을 알지 못하는 것이다. 그것은 의식되지 않는, 그래서 죄가 되는 비참함이다. 그리스도의 이야기는 인간의 비참함이 어쩔 수 없는 것임을, 또한 전혀 죄가 없는 이의 비참함도 죄인의 비참함과 다르지 않음을 말해주는 증거다. 단지, 그의 비참함은 빛을 받을 뿐…

부자나 권력자들은 인간의 비참함을 알기 어렵다. 스스로 대단하다고 믿기 때문이다. 가난한 사람들 역시 인간의 비참함을 알기 어렵다. 부자와 권력자가 대단한 사람들이라고 믿기 때문이다.

과오를 저질렀다고 곧 죽음에 이르는 죄가 되는 것은 아니다. 죽음에 이르는 죄는 어떤 과오가 행해졌을 때 영혼 속에 빛이 어느 정도 있었느냐에 의해 정해진다.

순수는 더러움을 응시할 수 있는 힘이다.

극도의 순수는 순수한 것도 불순한 것도 모두 응시할 수 있다. 반면 불순한 것은 두 가지 모두 응시하지 못한다. 순수한 것 앞에서는 두려워지고, 불순한 것 앞에서는 흡수되어버린다. 순수하지 못한 것을 위해서는 순수한 것과 불순한 것의 혼합이 필요하다.

길들이기

불가능에 이르기 위해서는 가능을 실행해야 한다. 의지와 사랑과 인식이라는 자연적 능력을 의무에 부합되도록 올바르게 훈련해야 영적인 실재들을 접할 수 있다. 몸을 움직여야 감각적 대상들을 지각할 수 있는 것과 같다. 몸이 마비되면 지각이 불가능하다.

철저하게 인간적인 의무의 실행은 작문, 번역, 계산 등을 정확히 해내는 것과 같은 차원에 놓인다. 그러한 정확성을 소홀히 하는 것은 대상을 존중하지 않는 것이다. 의무를 게을리 하는 것 역시 마찬가지다.

시간이 더 주어지면 좋아질 수 있는 것은 영감에 관련된 것들뿐이다. 자연적 의무 혹은 의지에 관련된 것들은 그럴 수 없다.

규칙들은 그 자체의 실행을 목표로 주어지는 게 아니다. 하지만 그 규칙들을 이해하기 위해서는 실행되어야만 한다. 말하자면 음계와 같다. 음계 연습을 마치지 않고 바흐의 곡을 연주할 수는 없다. 그렇다고 음계를 치기 위해서 음계 연습을 하지는 않는다.

길들이기. 문득 자기 안에 본의 아니게 오만한 생각이 떠오를 때마다 과거에 겪었던 굴욕을 기억하고 주의력을 집중시켜 바라볼 것. 가능한 한 가장 괴롭고 참기 힘들었던 굴욕을 고를 것.

자기 안에서 욕망과 혐오, 쾌락과 고통을 변화시키거나 지우려 해서는 안 된다. 그냥 수동적으로 겪어내야 한다. 색을 지각할 때와 같고, 그 이상의 신뢰를 부여할 필요는 없다. 창유리가 붉은색이면 내 눈에 보이는 방은 일 년 내내 분홍색일 수밖에 없다. 나는 방이 분홍색으로 보여야 하고 그래야 맞고 좋다는 것을 안다. 나는 방과 유리창의 상관관계를 알기에 분홍색이라는 정보에 제한된 신뢰만을 부여한다. 내 안에 생겨나는 욕망과 혐오, 쾌락과 고통도 그런 식으로 받아들일 것.

한편 우리는 자신 안에 의지라는 강제의 원리 또한 지니고 있으니, 한정된 범위 안에서, 그러나 그 범위 안에서는 충만하게, 그 강제적인 원리를 억지로라도 사용해야 한다. 즉, 억지로라도 어떤 욕망 혹은 혐오를 갖지 않은 것처럼 행동해야 한다. 감각을 설득해서 복종시켜야 한다. 감각이 반항하면, 그 반항을 겪어내고 맛보고 음미해야 한다. 창유리가 붉은색이라서 방이 분홍색이 될 때처럼, 그 반항을 외적인 것으로 받아들여야 한다.

그렇게 강제의 원리를 사용할 때마다 우리는 우리 안의

동물을 길들여나간다. 아주 조금일 수도 있고 많이 해낼 수도 있지만, 어쨌든 우리 안의 동물은 실제로 길들여진다.

물론 그런 강제가 조련 과정에 정말 기여하려면 수단으로만 쓰여야 한다. 영리한 개를 얻기 위해 길들이는 과정에서 매질은 목적이 아니라 수단이다. 따라서 훈련을 게을리할 때만 때려야 한다. 아무 때나 때리면 조련은 실패하고 만다. 그릇된 금욕주의가 낳는 결과와 같다.

이성에서 비롯될 때(스스로 명백하게 의무라고 생각하는 것을 실행하기 위한 것일 때) 혹은 은총의 거역할 수 없는 힘으로 부과되었을 때(그러나 이때는 힘이 자기 자신에게서 비롯되지 않는다)에만 자기 자신에게 강제를 가해도 된다.

지치고 생기가 없어서 정상적인 활동의 수위보다 아래 있다는 게 바로 나의 문제이다. 무언가가 잡아 올려주어야 나는 그 수위에 올라설 수 있다. 그렇게 되면 평범한 일들을 위해 시간을 쓰기 싫어질 것이다. 나를 올려주는 게 없다면 강제적인 힘이라도 필요한데, 나는 그 힘을 좀처럼 끌어내지 못한다.

그 때문에 내 행동들은 비정상적이다. 하지만 그래서는 안 된다는 것을 알고 있다. 혹은 알고 있다고 믿는다. 그러한 비정상적인 행동에는 타인에 대한 태만의 죄가 포함되어 있다. 그런 행동은 나를 가둔다.

그렇다면 어떤 방법이 있을까?

"주님께서는 하고자 하시면 저를 깨끗하게 하실 수 있습니다."*

내가 노력하고 있다는 느낌을 고통을 겪는다는 수동적인 느낌으로 바꾸도록 훈련해야 한다. 신이 고통을 보낸다면 내가 어떤 상태이든 내 몫으로 주어진 것을 그대로 겪을 수밖에 없다. 의무의 경우에도 이행해야 할 모든 것을 같은 방식으로 행해야 하지 않을까?

산과 바위여, 우리 위로 무너져, 보좌에 앉으신 이의 진노에서 우리를 숨겨다오.**

나는 지금 그런 분노를 받아 마땅하다.

십자가의 성 요한의 말대로 손쉽고 저급한 의무를 완수하지 말라는 영감은 나쁜 쪽에서 온다.

우리에게 의무가 주어지는 것은 자아를 죽이기 위해서다. 그런데 그토록 소중한 도구를 나는 녹슬게 버려둔다.

외부 세계가 실재함을 믿기 위해서, 정해진 때에 자신의 의무를 완수해야 한다.

시간의 실재성을 믿어야 한다. 그러지 않으면 꿈에 지나지 않는다.

* 원문은 그리스어다. "Εαν θελης δυνασαι με καθαρισαι." 「마태오복음」 8장 2절.

** 「요한묵시록」 6장 16절 참조.

나는 내 안에 그런 결점이 있음을, 그것이 아주 심각한 결점임을 몇 년 전에 깨달았다. 하지만 그것을 없애기 위해서 아무 일도 하지 않았다. 어떤 변명이 가능할까?

열 살 때부터 이미 내 안에서 그 결심이 자라오지 않았을까? 하지만 그것은 아무리 크다 해도 유한하다. 그러면 됐다. 설령 그것이 너무 커서 내가 사는 내내 지워버릴 수 없다 해도, 그 때문에 내가 완전성에 이르지 못한다 해도, 나는 존재하는 모든 것을 받아들이듯이 그것을 받아들여야 한다. 사랑을 통해 진정으로 받아들여야 한다. 그것이 있고, 그것이 나쁘고, 그것이 유한함을 알면 된다. 이 세 가지 사실을 각각 알고 또 전체로서 안다는 것은 지우기 과정이 시작되고 중단 없이 이어진다는 뜻이다. 지우기 과정이 시작되지 않았다면, 실은 내가 지금 알지 못하는 것을 적어나가고 있다는 뜻이 된다.

필요한 에너지는 내 안에 자리 잡고 있다. 나는 그 에너지로 살고 있다. 나 자신으로부터 그 에너지를 뜯어내야 한다. 설령 죽게 된다 해도.

선과 악을 구별하는 완전한 기준은 단 하나, 중단 없이 이어지는 내면의 기도뿐이다. 그 기도를 중단하지만 않으면 모든 게 허용되고, 중단하는 것은 모두 금지된다. 기도의 상태에서 행동하는 사람은 타인에게 해를 끼칠 수 없다. 진정한 기도라면 그렇다. 하지만 규율들을 지키느라 이미 자신의 의지를 다 써버렸어야만 한다.

희망은 우리가 내면에 품고 있는 악이 유한함을 알고, 영혼이 단 한 순간만이라도 선을 지향하게 되면 어느 정도 그 악을 없앨 수 있음을, 영적인 영역에서 모든 선은 반드시 선을 만들어냄을 아는 것이다. 알지 못하면 다나오스의 딸들과 같은 벌을 받게 된다.*

순전히 영적인 것의 영역에서는 선이 반드시 선을 낳고 악은 반드시 악을 낳는다. 반대로 (심리적인 것을 포함하여) 자연적인 것의 영역에서는 선과 악이 서로를 만들어낸다. 그러므로 우리는 영적인 것의 영역, 즉 자기 스스로는 아무것도 얻을 수 없고 모든 것이 다른 곳으로부터 오기를 기다리는 영역에서만 안전하다.

* 그리스 신화에서 이집트의 왕인 형 아이깁토스에게 쫓겨난 다나오스는 쉰 명의 딸들을 데리고 아르고스로 가서 왕이 된다. 아이깁토스가 아들 쉰 명을 데리고 와서 결혼을 요구하자 다나오스는 딸들에게 첫날밤 남편을 죽이라고 명령한다. 다나오스의 딸들은 그 죄로 지옥에서 밑 빠진 그릇으로 물을 퍼 담는 벌을 받는다.

지성과 은총

지성이 파악하지 못하는 것이 파악해내는 것보다 더 실재적임을 우리는 지성을 통해 안다.

신앙은 지성이 사랑의 빛을 받는 체험이다.

단지 지성은 그 고유한 수단, 즉 확인과 증명을 통해서 사랑의 우월성을 알아보아야 한다. 지성의 복종은 이유를 아는 상태에서 완전히 확실하고 명확하게 이루어져야 한다. 그러지 않으면 과오이다. 그 명칭이 무엇이든 결국 지성은 초자연적인 사랑 아닌 다른 것에 복종하기 때문이다. 예를 들면, 사회적 영향력.

지성의 영역에서 겸손의 덕은 바로 주의력이다.

그릇된 겸손은 인간이 자기 자신으로서, 이런저런 개별적 인간으로서 스스로 아무것도 아니라고 생각하게 만든다.

인간이 인간으로서, 좀더 일반적으로는 피조물로서 아무것도 아님을 알아야 진정한 겸손이다.

참된 겸손에서는 지성이 큰 역할을 한다. 보편적인 것을 이해해야 하기 때문이다.

바흐의 곡이나 그레고리안 성가의 선율을 들을 때, 하나하나가 각자의 방식으로 완벽하게 아름다운 그 선율을 이해하기 위해 우리 영혼의 모든 능력이 긴장하고 숨을 죽인다. 특히 지성이 그렇다. 지성은 그 음악에서 긍정 혹은 부정할 것을 찾아내지 않는다. 그 음악을 자양분으로 삼는다.

신앙은 이런 식의 받아들임이어야 하지 않을까?

응시의 대상이 되어야 할 신앙의 신비를 긍정하거나 부정해야 할 대상으로 다루면 신앙의 신비가 타락한다.

진정한 사랑에서 지성은 특히 중요한 역할을 한다. 발휘되는 순간에 사라지는 것이 지성의 본질이기 때문이다. 진리에 다가가기 위해서 노력할 수는 있지만, 일단 진리가 나타나면 진리는 있을 뿐 나는 그 진리에 대해 아무것도 할 수 없다.

지성만큼 진정한 겸손에 가까운 것은 없다. 지성을 실제로 발휘하는 순간에 자신의 지성을 자랑할 수는 없다. 그리고 지성이 발휘될 때 우리는 그 지성에 매이지 않는다. 내가 당장 백치가 된다 해도 나의 나머지 인생 동안 진리는 변함없이 존재할 것임을 알기 때문이다.

우리 정신의 모든 부분이 가톨릭 신앙의 신비를 믿을 수 있는 것은 아니다. 봉헌 제물 속 그리스도의 현존은 바울의 몸에 그의 영혼이 깃든 것과는 다른 방식으로 행해진다(두 경우 모두 전적으로 이해 불가능하지만, 방식은 다르다). 내 안에서 사실 파악을 행하는 부분으로서는 성체성사가 믿음의 대상이 될 수 없다. 이 점에서는 프로테스탄티즘이 옳다. 하지만 성체 제물 속 그리스도의 현존은 상징이 아니다. 상징은 추상과 이미지의 결합이며, 인간 지성이 그려낼 수 있는 것, 초자연적이지 않은 것이기 때문이다. 이 점에서는 프로테스탄트가 아니라 가톨릭이 옳다. 인간 안에서 초자연을 위해 만들어진 부분만이 신앙의 신비를 받아들일 수 있다.

지성(긍정하거나 부정하고 의견들을 제시하는 우리 안의 한 부분)의 몫은 오로지 복종이다. 내가 진실하다고 이해하는 것은 오히려 진실성을 이해하지 못한 채로 사랑하고 있는 것들만큼 진실되지 못하다. 십자가의 성 요한은 신앙을 '어두운 밤'이라고 부른다. 그리스도교 교육을 받은 사람들의 경우에는 정신의 낮은 부분들이 아무런 권리도 없으면서 그 신비에 집착한다. 그들은 십자가의 성 요한이 제시한 단계들에 따라 정화되어야 한다. 무신론과 무신앙은 그러한 정화의 가치를 갖는다.

새로운 것을 발견하려는 욕망은 이미 발견된 것에 담긴 표현할 수 없는 초월적 의미를 숙고하지 못하게 한다. 나에게는 그런 욕망을 가질 만한 재능이 없는 것이 오히려 커다란 은혜이다. 지적인 재능이 없음을 인정하고 받아들이면 아무런 집착 없이 지성을 발휘할 수 있다.

탐구할 대상은 초자연이 아니라 이 세상이어야 한다. 초자연적인 것은 빛이다. 초자연은 탐구 대상이 되면 낮아진다.

세계는 여러 가지 의미를 가진 글이며, 우리는 수고스러운 작업을 거쳐 그 의미들을 하나씩 알아간다. 매번 육체도 참여한다. 외국어 철자를 익힐 때와 같다. 글씨를 많이 써서 알파벳이 손에 익게 만드는 것이다. 그런 수고가 없다면, 사유의 방식을 바꿔봤자 어차피 환상이다.

사람들의 의견 중에서 한 가지를 선택할 필요는 없다. 모든 의견을 받아들이되, 그것들을 수직으로 늘어놓고 각기 적합한 위치에 놓으면 된다.

우연, 운명, 신의 섭리. 이런 식으로.

지성은 신비에 결코 파고들 수 없다. 하지만 신비를 표현하는 언어가 적합한지 아닌지 알려줄 수 있다. 오직 지성만이 할 수 있는 일이다. 이 일을 해내기 위해 지성은 다른 무엇보다 날카롭고 예리하고 정확하고 엄밀하고 엄격해야 한다.

그리스인들은 신의 세계에 부합되는 것은 오로지 진리뿐이라고, 오류는 말할 것도 없고 거의 확실한 추측도 안 된다고 믿었다. 그래서 신적인 특성 앞에서 그들은 아주 엄격하게 정확성을 따졌다(선전 활동으로 타락해버린 우리는 정확히 그 반대의 일을 하고 있다). 그리스인들이 엄격한 증명 체계를 세운 것은 기하학이 신의 계시라고 믿었기 때문이다.

인간과 초자연의 관계라는 영역에서, 수학보다 더 엄밀한 정확성을 추구해야 한다. 과학보다도 더 정확해야 한다.

데카르트적 의미에서 이성적인 것, 즉 기계적 규칙, 인간적으로 증명 가능한 형태의 필연을 어디든 다 적용해봄으로써, 그런 이성적인 것으로 환원되지 않는 것을 찾아내야 한다.

이성을 사용하면 사물들이 정신에 투명하게 인지될 수 있다. 하지만 투명한 것 자체는 볼 수 없다. 투명한 것을 통해 불투명한 것을, 즉 투명한 것이 투명하지 않으면 보이지 않을 것을 보는 것이다. 우리는 창유리의 먼지를 보거나 창유리 너머의 경치를 본다. 창유리 자체는 보지 않는다. 창유리의 먼지를 닦는 것은 경치를 잘 보기 위해서다. 이성은 진정한 신비이자 증명 불가능한 참인 실재에 이르기 위해서만 작용한다. 이해되지 않은 것은 이해할 수 없는 것을 가려버린다. 그래서 없어져야 한다.

이제 과학은 자신을 넘어서는 것에서 영감의 원천을 찾지 못한다면 사라지고 말 것이다.

과학은 세 가지 이익을 제공한다. 첫째, 기술적인 응용. 둘째, 체스 경기. 셋째, 신에게 가는 길. (체스 경기에는 대회, 상, 메달 등의 재미가 곁들여진다.)

피타고라스. 기하학을 그런 식으로 신비적으로 이해해야만 초창기 기하학에 필요한 주의력을 얻을 수 있었다. 천문학은 점성술에서, 화학은 연금술에서 비롯되었다고 하지 않는가. 하지만 우리가 진보라고 해석하는 점성술에서 천문학으로, 연금술에서 화학으로의 진행은 사실상 주의력의 타락 과정일 뿐이다. 초월적인 점성술과 연금술은 천체의 결합이나 물질의 결합이 제공하는 상징들 속에서 영원한 진리를 응시한다. 천문학과 화학은 그러한 응시의 타락이다. 마술이 되어버린 점성술과 연금술은 더욱 저급한 타락이다. 완전히 충만한 주의력은 오로지 종교적 주의력 속에 있다.

갈릴레이. 근대 과학은 순환 운동이 아니라 무한한 직선 운동을 원리로 삼기 때문에 더 이상 신에게 가기 위한 가교가 될 수 없다.

가톨릭 종교가 철학적으로 청소된 적은 한 번도 없었다. 그것을 행하기 위해서는 그 안에 있으면서 또한 밖에 있어야 한다.

타자. 인간 하나하나(자기 자신의 형상)를 한 죄수가 우주 전체에 둘러싸여서 살고 있는 감옥으로 생각할 것.

엘렉트라. 강력한 아버지의 딸이지만 노예가 되고 나서 오직 남동생에게만 희망을 걸었다. 한 젊은이에게 동생이 죽었다는 소식을 듣고 비통한 슬픔이 최고에 이르렀을 때, 그 젊은이가 바로 동생임이 밝혀진다. "여자들은 그가 동산지기인 줄 알았다."* 모르는 사람이 자신의 동생임을 알아보기. 우주 속에서 신을 알아보기.

올바름. 남이 우리와 같이 있을 때 (혹은 우리가 남을 생각할 때) 우리가 그 사람에게서 읽어내는 것이 실제의 그와 다르다는 사실을 언제든 받아들일 준비가 되어 있어야 한다. 혹은 그는 분명 우리가 그에게서 읽는 것과 전혀 다른 무엇임을 읽어내야 한다.

인간은 저마다 자기를 다르게 읽어달라고 침묵 속에서 외친다.

* 「요한복음」 20장 15절. 예수의 부활을 처음 목격한 막달라 마리아는 예수를 곧바로 알아보지 못하고 동산지기로 착각한다.

나는 남을 읽지만, **남도 나를 읽는다**. 읽기들의 충돌. 누군가를 읽으면서 상대 역시 우리처럼 자기 자신을 읽으라고 강요하기(노예 상태). 우리가 우리 자신을 읽는 대로 상대에게 우리를 똑같이 읽으라고 강요하기(정복). 기계작용. 대부분은 귀머거리들의 대화이다.

애덕과 불의는 읽기들을 통해서만 규정된다. 따라서 정의 내릴 수 없다. 착한 도둑*의 기적은 그가 신을 생각했다는 게 아니라, 자기 곁에 매달린 이가 신임을 알아보았다는 데 있다. 베드로는 닭이 울기 전에 그리스도에게서 신을 알아보지 못했다.

거짓 예언자를 신이라고 잘못 읽어서 목숨을 잃은 사람들도 있다.

제대로 읽을 수 있다고 우쭐댈 사람이 있을까?

인간은 정의를 어기겠다는 의지로 불의를 저지르기도 하고, 정의를 잘못 읽은 탓에 불의를 저지르기도 한다. 두번째 경우가 대부분이다.

정의를 어떻게 사랑해야 잘못 읽지 않을 수 있을까?

모든 사람이 언제나 각자가 읽어낸 정의에 따라서 행동한다면, 올바른 자와 그렇지 않은 자가 어떻게 다를까?

* 예수와 함께 십자가형을 받은 두 도둑 중 하나로, 참회한 쪽이다.

잔 다르크. 오늘날 그녀를 과장되게 칭송하는 사람들도 당시였다면 대부분 유죄를 선고했을 것이다. 재판관들은 성녀나 동정녀가 아니라 마녀 혹은 이단자를 처벌했다.

잘못 읽게 되는 이유. 대중의 여론, 그리고 정념들.

대중의 여론은 아주 강력한 이유이다. 잔 다르크의 이야기 속에서 우리는 동시대의 여론이 무엇을 요구하는지 읽을 수 있다. 하지만 그때 여론은 확실하지 않았다. 그리고 그리스도…

가공의 도덕적 문제들 속에는 중상모략이 없다.

죄가 없다 해도 인정받지 못하면 어떤 희망이 있을까?

읽기들. 읽기는 중력에 따른다(어느 정도 수준에 오른 주의력은 예외다). 우리는 중력이 제안하는 의견을 읽는다(인간들과 사건들에 대한 우리의 판단에는 정념과 사회적 순응이 상당히 큰 몫을 한다).

보다 높은 주의력을 기울이면 중력 그 자체를, 그리고 균형을 이루는 가능한 방법들을 읽을 수 있게 된다.

중첩된 읽기. 감각 너머로 필연을 읽을 것. 필연 너머로 질서를, 질서 너머로 신을 읽을 것.

“남을 심판하지 마라.”* 그리스도도 심판하지 않는다. 그리스도는 스스로가 심판이다. 심판의 척도로서 죄 없이 고통 받는 자이다.

심판. 투시도법. 이런 의미에서 모든 심판은 심판하는 자를 심판한다. 심판하지 말 것. 그것은 무관심이나 회피가 아니라, 우리에게는 불가능한 신의 심판을 모방하는 초월적 심판이다.

* 「마태오복음」 7장 1절.

다른 문명들. 우리는 우리와 다른 문명들의 결점이 그 종교의 불완전성에 대한 증거라고 생각한다. 하지만 그 정도의 결점들은 지난 2천 년 동안의 유럽 역사에서도 쉽게 찾아볼 수 있다. 학살에 의한 아메리카 파괴, 노예제에 의한 아프리카 파괴, 프랑스 남부 지방에서의 학살,* 이런 것들은 그리스의 동성애나 동방의 주신酒神 향연과 다르지 않다. 그런데도 유럽에서는 그리스도교의 완전성에도 불구하고 결점이 생겼고, 다른 문명에서는 종교가 불완전하기 때문에 결점이 생겼다고 말한다.

착오의 원리를 보여주는 가장 좋은 예이다. 오래 응시해볼 필요가 있다. 따로 떼어서 생각하기. 우리는 인도 혹은 그리스 이야기를 할 때는 선을 악과의 관련 속에서 보고, 그리스도교에 대해서는 악을 따로 떼어내서 생각한다.

보통은 원하지 않아도 저절로 따로 떼어내 생각하게 된다. 그래서 위험하다. 그런데 일부러 떼어내서 생각하면 더 나쁘다. 그것은 회피하려는 의지적 행위이다. 그래 놓고는 따로

* 프랑스 남부 지방을 중심으로 종교를 둘러싼 학살이 몇 차례 일어났다. 알비Albi에서 시작된 영지주의 카타리파(알비파)가 13세기 초에 이단으로 파문된 후 많은 신도들이 종교재판에서 희생되었고, 16세기 종교전쟁 중에는 님Nîmes에서 프로테스탄트들이 가톨릭 사제들을 학살했다.

떼어놓았다는 것조차 알지 못한다. 우선 알고 싶어 하지 않고, 알려 하지 않음으로써 결국 알 수 없게 된다.

따로 떼어내서 생각하는 능력은 모든 범죄를 가능하게 만든다. 교육이나 훈련 덕분에 견고한 관계들이 만들어진 영역을 제외하면, 따로 떼어내서 생각하는 능력은 절대적인 방종을 가능하게 하는 열쇠이다. 그 능력은 특히 사회적인 것 혹은 집단적인 감정(전쟁, 국가나 계급 간의 증오, 정당이나 교회를 향한 충성심 등)이 개입될 경우 지극히 일관성 없는 행동을 하게 만든다. 사회적인 것의 권위로 덮인 것들은 모두 나머지와 다른 곳에 놓이고, 따라서 관계들을 벗어난다.

우리는 쾌락의 유혹에 빠질 때도 바로 이 열쇠를 사용한다.

내가 의무의 이행을 하루하루 미룰 때도 마찬가지다. 의무와 시간의 흐름을 분리하는 것이다.

열쇠를 버리는 게 가장 바람직하다. 다시 찾을 수 없도록 우물 바닥에 던져버릴 것.

반지를 끼고 사람들의 눈에 보이지 않게 된 기게스,* 그것은 따로 떼어내서 생각하는 행위다. 자기가 저지르는 범죄와 자기 자신을 떼어놓고 생각하기. 그 둘을 연결 짓지 않기.

열쇠를 버리고 기게스의 반지를 버리는 행위는 바로 의지

* 전설에 따르면, 리디아의 기게스는 몸이 보이지 않게 만드는 반지를 가지고 있었고, 그 반지를 끼고 왕을 암살한 후 스스로 왕이 되었다.

의 노력이다. 앞이 보이지 않는 상태로 고통스럽게 동굴 밖으로 나가는 것이다.

기게스. 나는 왕이 되었다. 다른 왕이 암살되었다. 두 가지는 상관없는 일이다. 반지가 있을 뿐이다.

어느 공장주. 나는 돈을 들여 이런저런 쾌락을 즐긴다. 나의 직공들은 가난으로 고통 받는다. 그는 직공들을 진심으로 불쌍히 여기면서도 자기 자신과 관계 지어 생각하지는 않는다.

우리가 생각으로 관계 짓지 않으면 그 어떤 관계도 생기지 않는다. 2와 2는 우리의 생각이 그 둘을 더해 4로 만들지 않으면 영원히 2와 2일 뿐이다.

우리는 우리가 원하지 않는 관계를 만들어내려는 사람들을 증오한다.

정의란 유사한 것들 안에서, 설령 그중에 우리와 개인적으로 관련되고 또 집착의 대상이 되는 것이 있다 해도, 대응 항들 사이에 동일한 관계를 설정하는 것이다.

이러한 덕은 자연적인 것과 초자연적인 것의 접점에 위치한다. 그것은 의지와 명료한 지성의 영역, 즉 동굴에 속한다(우리의 명료함은 곧 암흑이다). 하지만 빛 속으로 옮겨 가지 않고 계속 그곳에 있을 수는 없다.

우리는 전체를 모방해야 하는 부분이다.

아트만.* 한 인간의 영혼이 우주 전체를 몸으로 삼길. 한 인간의 영혼이 우주 전체에 대해서 수집가와 수집품의 관계를, "황제 폐하 만세!"라고 외치며 죽어간 병사와 나폴레옹의 관계를 맺길. 영혼은 자신의 육체를 떠나 다른 것 안으로 옮겨 간다. 우주 전체로 옮겨 가길.

우주와 하나가 될 것. 우주보다 작은 것은 모두 고통에 매여 있다.

내가 죽어도 우주는 여전히 지속된다. 내가 우주와 하나가 아니라면 이것은 위로가 되지 못한다. 하지만 우주가 내 영혼의 또다른 몸이라면, 나에게는 나의 죽음이 타인의 죽음보다 더 중요할 게 없다. 내 고통도 마찬가지다.

우주 전체가 나에게, 내 몸에 대해, 장님의 지팡이와 그 지팡이를 쥔 손의 관계가 되길. 장님의 감각은 손이 아니라 지팡이 끝에 있다. 수련이 필요한 일이다.

* 인도 고대 철학에서 우주의 근본 원리인 브라만에 대해 인간 존재의 본체를 가리키는 말.

자신의 사랑을 순수한 것에만 한정하는 것과 우주 전체로 확장하는 것은 같다.

수련을 통해 자기 자신과 도구의 관계를 변화시키는 직공처럼, 세계와의 관계를 변화시켜야 한다. 상처는 몸 안으로 들어온 직업적 기술이다. 고통을 겪을 때마다 우주가 몸 안으로 들어오길.

습관과 숙련은 인간의 의식이 원래의 육체가 아닌 다른 대상으로 옮겨 가는 과정이다.

그 대상은 우주, 계절, 태양, 별이어야 한다.

육체와 도구의 관계는 수련을 통해 변화된다. 육체와 세계의 관계를 바꿀 것.

우리는 집착에서 벗어나지 않고, 다른 집착으로 바꿀 뿐이다. 모든 것에 집착하기.

모든 감각을 통해 우주를 느낄 것. 그것이 쾌락이든 고통이든 상관없다. 사랑하는 사람을 오랜만에 만나서 손을 잡을 때, 너무 꽉 쥔 탓에 손이 아프다 한들 무슨 상관인가.

고통이 어느 단계에 이르면 우리는 세계를 잃게 된다. 하지만 그 뒤에는 평온해진다. 다시 격심한 고통이 와도, 곧 다시 평온해진다. 우리가 이러한 사실을 알고 있다면, 세계를 잃는 격심한 고통의 단계는 다가올 평안을 위한 기다림이 되고, 따라서 세계와의 접촉도 끊기지 않는다.

두 가지 극단의 경향. 우주를 위하여 나를 파괴하기 혹은 나를 위하여 우주를 파괴하기. 아무것도 아니게 되지 못한 사람에게는 자기 자신이 아닌 모든 것이 존재하지 않게 되는 순간이 닥칠 위험이 있다.

외적 필연, 혹은 호흡처럼 긴급한 내적 필요. "정기精氣의 숨이 되자." 숨 쉬는 것이 고통스러워도 우리는 숨을 쉰다. 그럴 수밖에 없다.

몸의 생체 리듬을 세계의 리듬과 결합할 것. 이러한 결합을 계속 느낄 것. 그리고 인간을 이 세상 안에 젖어들게 하는 영속적인 물질 교환도 느낄 것.

한 인간이 살아 있는 한 어떤 이유로도 빼앗을 수 없는 것들. 의지가 지배하는 운동으로서의 호흡, 지각으로서의 공간(눈이 파이고 고막이 찢어져도, 감옥에 갇혀도, 우리는 살아 있는 한 공간을 지각한다).

어떠한 상황에서도 빼앗기지 않기를 바라는 생각들을 이런 것에 연결할 것.

이웃을 내 몸같이 사랑하라는 말이 모든 사람을 똑같이 사랑하라는 뜻은 아니다. 나는 나 자신의 존재 방식들조차 똑같이 사랑하지 못한다. 그것은 이웃을 괴롭히지 말라는 뜻도 아니다. 나는 때로 나 자신까지도 기꺼이 괴롭힌다. 그 말은 각각의 이웃에 대해 우주를 생각하는 한 가지 방식이 우주의 한 부분이 아니라 우주를 생각하는 다른 방식과 맺는 것과 같은 관계를 맺으라는 뜻이다.

세계 속의 한 사건을 받아들이지 않는 것은 세계가 존재하지 않기를 바라는 것과 같다. 나에게는 그럴 권한이 있다. 내가 원하면 그렇게 할 수 있다. 그 경우 나는 이 세계의 몸 안에 자라는 종양이 된다.

민담에 등장하는 소원들. 그 욕망들은 이루어지기 때문에 위험하다.

이 세계가 존재하지 않기를 바라는 것은 지금 있는 그대로의 내가 전체가 되기를 바라는 것과 같다.

내 발아래 있는 조약돌로부터 저 멀리 있는 별들까지, 우주 전체가 언제나 나에게 아르놀프에게 아녜스 혹은 아르파공*에게 금고와 같길.

원하기만 한다면, 재물이 수전노의 것이듯이 세계는 내 것일 수 있다.

* 아녜스는 몰리에르의 『아내들의 학교』에서 주인공 아르놀프가 아내로 삼으려고 애쓰는 여자이고, 아르파공은 몰리에르의 희극 『수전노*L'Avare*』의 주인공이다.

그러나 그 재물은 불어나지 않는다.

더는 줄일 수 없는 '나,' 더는 줄일 수 없는 내 고통의 밑바닥. 그것이 보편적이 되게 할 것.

신 안에 영원히 완전한 기쁨이 존재한다면 내 안에 기쁨이 없어도 상관없다! 아름다움, 지성 그리고 다른 모든 것도 마찬가지다.

자신의 구원을 바라지 말아야 하는 이유는 그것이 이기적이기 때문이 아니다(인간은 이기적이 될 힘이 없다). 그것이 우리의 영혼을 존재의 충만함 혹은 무조건적으로 존재하는 선이 아니라 그저 개별적이고 우발적인 가능성으로 이끌기 때문이다.

내가 바라는 것은 모두 존재하고, 혹은 이미 존재했고, 혹은 앞으로 어디엔가 존재할 것이다. 전적으로 내가 만들어낼 수는 없기 때문이다. 그런데 어떻게 내가 기쁘지 않겠는가.

Br… 나도 모르게 자꾸 그가 살아 있다고, 그의 집에서 다정한 대화를 나눌 수 있다고 상상하게 된다. 그러다가 그의 죽음을 생각하면 끔찍한 사막에 던져진 기분이었다. 금속성의 차가움. 그가 아니라도 내가 사랑하는 사람이 더 있다 한들 무슨 소용인가. 마음속에 희미하게 남은 윤곽들, 오직 그하고만 가능했던 교류, 그렇게 그에게 보냈던 사랑은 모두 대상을 잃었다. 이제 나는 그가 살아 있다고 상상하지 않고, 그의 죽음도 견딜 만해졌다. 그의 추억은 감미롭다. 하지만 다른 사람들도 있다. 내가 얼마 전까지 알지 못했던 이들이고, 그들의 죽음도 똑같은 결과를 만들 것이다.

D…는 죽지 않았지만, 내가 그에게 주던 우정은 죽었다. 그가 죽은 것과 다름없는 고통을 안기며 죽었다. 이제 그는 유령일 뿐이다.

얼마 전까지 내가 알지도 못하던 X…, Y…, Z…가 그렇게 바뀌리라고는 상상할 수 없다.

세 살 난 아이의 부모가 자기 아이가 삼 년 전까지는 존재하지도 않았음을 생각하지 못하듯이, 우리는 지금 우리가 사랑하는 사람들을 전에는 모르고 지냈다는 생각을 하지 못한다.

나는 제대로 사랑할 줄 모르는 것 같다. 사랑할 줄 알았다면 지금 같지 않을 것이다. 내 사랑이 몇몇 사람에게만 매여 있지 않을 것이다. 사랑받을 자격이 있는 것이라면 어디에나 사랑을 줄 수 있을 것이다.

"하늘의 너희 아버지께서 완전하신 것처럼 너희도 완전한 사람이 되어야 하니…"* 태양이 만물을 비추듯이 그렇게 사랑하라. 사랑을 일단 자신에게로 모아서 모든 사물에 퍼뜨려야 한다. 신만이 모든 사물을 사랑하고, 신은 자기 자신만 사랑한다.

신 안에서 사랑하는 것은 생각보다 어렵다.

나는 나의 비참함으로 온 우주를 더럽힐 수 있다. 비참함을 느끼지 않거나 내 안에 모아두면 그렇게 된다.

상상과 사실의 불일치를 견뎌낼 것.

"나는 괴롭다." 이 말이 "이 경치는 추하다"보다 낫다.

세계의 저울에서 자기 자신의 무게를 변화시키려 하지 말 것. 운명을 재는 제우스의 황금 저울.

우리는 암소의 젖에서 우유를 짜지만, 우유를 주는 것은 암소 전체다. 세계가 성스러움을 낳는 것도 그런 식이다.

*　「마태오복음」 5장 48절.

창조된 모든 것은 나의 목표가 되기를 거부한다. 신이 나에게 베풀어준 가장 큰 자비이다. 악이기도 하다. 신의 자비는 이 세계에 악의 형태를 띠고 나타난다.

이 세계는 닫혀 있는 문이다. 장애물이다. 그와 동시에, 통로다.
지하 독방에 나란히 갇혀서 벽을 두드리며 교신하는 두 죄수. 이때 벽은 두 사람을 갈라놓지만 동시에 교신하게 해준다. 우리와 신 사이도 마찬가지다. 모든 분리는 연결이다.

선을 향한 욕망 전체를 어떤 것에 집중하면 그것은 우리 존재의 조건이 된다. 그렇다고 선이 되지는 않는다. 우리는 언제나 존재하기가 아닌 다른 것을 바란다.

창조된 사물들은 본질적으로 매개물이다. 각자가 서로에게 가기 위한 매개물이고, 끝없이 이어진다. 창조된 사물들은 신으로 가기 위한 매개물이다. 창조된 사물들을 그렇게 느껴볼 것.

그리스인들이 남긴 다리. 우리는 그것을 물려받았다. 그런데 어떻게 사용하는지는 알지 못한다. 이전에는 그 위에 집을 지어야 한다고 생각했다. 그래서 높은 집들을 세웠고, 지금도 계속 층수를 올려나간다. 그것이 다리임을, 그 위로 지나가라고 만들어졌음을, 그 다리를 건너 신에게로 갈 수 있음을 알지 못한다.

초자연적인 사랑으로 신을 사랑하는 사람만이 수단을 그저 수단으로 간주할 수 있다.

권력(그리고 권력의 만능열쇠인 돈)은 순전히 수단이다. 그렇기 때문에, 그 사실을 깨닫지 못한 사람들에게는 최고의 목표가 된다.

필연의 영역인 이 세계는 우리에게 수단 외에 그 어떤 것도 주지 않는다. 우리의 의지는 당구공처럼 한 수단에서 다른 수단으로 굴러다닌다.

식욕이 그렇듯이 모든 욕망은 모순적이다. 나는 내가 사랑하는 사람이 나를 사랑하기를 바란다. 그러나 그가 나에게 온전히 헌신하는 순간 그는 존재하지 않게 되고, 나는 더 이상 그를 사랑하지 않는다. 반대로 그가 나에게 온전히 헌신하지 않는다면 나를 충분히 사랑하지 않기 때문이다. 굶주림과 포식.

욕망은 악하고 거짓이다. 하지만 욕망이 없으면 진정한 절대, 진정한 무한을 추구할 수 없다. 그러한 추구는 욕망을 거쳐야 한다. 피로 때문에 욕망의 근원이 되는 잉여 에너지를 잃어버린 이들의 불행.

욕망으로 눈먼 자들 또한 불행하다.

욕망을 이 두 극단을 잇는 축에 걸어야 한다.

어떤 것을 파괴하면 신성모독일까? 낮은 것의 파괴는 신성모독이 아니다. 중요하지 않기 때문이다. 높은 것도 마찬가지다. 우리가 원한다 해도 어차피 손이 닿지 않기 때문이다. 중간적인 것*들. 선과 악이 함께 있는 중간 지대이다.

그 누구에게서도 중간적인 것들, 즉 혼합된 상대적인 선(가정, 조국, 전통, 문화 등)을 빼앗지 말 것. 영혼을 따뜻하게 해주고 양분을 주는 그런 것들이 없다면, 성자라면 모를까 인간적인 삶은 불가능하다.

진정한 지상의 선들은 중간적인 것이다. 자신의 선을 중간적인 것으로 간주해야 비로소 타인의 선을 존중할 수 있으며, 그

* 원어는 'metaxu'(메타크쉬), 즉 '가운데'를 뜻하는 그리스어 'μεταξύ'이다. 플라톤의 『향연』에서 무녀 디오티마가 에로스는 아름다운 것과 추한 것, 불멸과 필멸의 가운데 있다고 말할 때 사용된 표현이다.

것은 우리가 지상의 선들 없이 살아갈 수 있는 지점으로 다가가기 시작했음을 뜻한다. 예를 들어, 다른 이들의 조국을 존중하기 위해서는 자기 자신의 조국을 우상이 아니라 신에 이르기 위한 발판으로 삼아야 한다.

한 가지 근원에서 출발하여 서로 뒤섞이지 않으면서 자유롭게 작용하는 능력들. 그것은 세계의 모방인 소우주이다. 토마스 아퀴나스가 말하는 그리스도. 『국가』에 나오는 정의로운 자. 플라톤이 말하는 전문화는 인간의 전문화가 아니라 인간이 가진 능력의 전문화다. 위계의 문제도 마찬가지다. 현세의 것은 오직 영적인 것에 의해서, 영적인 것을 위해서만 의미를 갖고, 하지만 영적인 것과 섞이지는 않는다. 현세적인 것은 양쪽을 이어주는 다리이자 중간적인 것이다. 이것이 그리스와 프로방스*의 소명이다.

그리스인들의 문명. 그들은 절대 힘을 숭배하지 않았다. 현세적인 것은 다리에 지나지 않기 때문이다. 영혼의 상태에 관계없이 그리스인들은 힘보다는 순수를 추구했다.

* 시몬 베유는 제2차 세계대전으로 파리가 함락된 뒤 남부의 프로방스 지방에 머무르는 동안에 중세 때 그 지방을 중심으로 전파되었던 카타리파의 사상을 받아들였다.

아름다움

아름다움은 우연과 선이 조화를 이룬 상태이다.

아름다움은 자체의 고유한 법칙에 부합하면서도 선에 복종하는 필연이다.

과학의 대상. 초감각적이고 필연적인 것으로서의 아름다움(즉 질서, 비례, 조화).

예술의 대상. 우연과 악의 그물을 통해 지각되는 감각적이고 우발적인 아름다움.

자연 속의 아름다움은 감각적인 인상과 필연성의 감각이 결합한 상태다. 그래야 하고(최우선이다), 실제로 그렇다.

아름다움은 영혼까지 갈 수 있는 허락을 얻기 위해서 육체를 유혹한다.

아름다움에는 상반되는 것들의 일치, 특히 순간과 영원의 일치가 담겨 있다.

우리는 아름다움을 응시할 수 있다. 몇 시간이고 바라볼 수 있는 조각상과 그림.

아름다움은 우리가 주의를 집중시킬 수 있는 어떤 것이다.

그레고리안 성가. 매일 여러 시간 동안 똑같이 노래 부르는 이들은 최상의 상태에 조금이라도 못 미치는 성가는 받아들이지 못하고 목록에서 빼버릴 것이다.

그리스인들은 신전을 응시했다. 우리가 뤽상부르 공원의 조각상들을 견뎌낼 수 있는 것은 그것들을 응시하지 않기 때문이다.

무기수의 방에 걸어둘 수 있는, 그래도 끔찍하지 않을 그림.

움직임이 없는 연극만이 진정으로 아름답다. 셰익스피어의 비극은 『리어왕』을 제외하면 모두 이류다. 라신의 비극은 『페드르』를 제외하면 삼류다. 코르네유의 비극은 한참 더 밑이다.

예술작품은 만든 사람이 있다. 하지만 완벽한 작품에는 본질적으로 익명적인 것이 있다. 그러한 익명성은 신의 예술의 익명성을 모방한다. 따라서 세계의 아름다움은 인격적인 신과 비인격적인 신 어느 한쪽이 아니라 둘 모두를 증명한다.

아름다움은 거리에서 오는, 체념을 내포하는 관능적 매력이다. 아주 은밀한 체념, 상상력을 버리는 체념까지 포함한다. 먹어 버리고 싶어지는 욕망의 대상들과 달리 아름다움은 그런 마음 없이 욕망한다. 우리는 그것이 그대로 있기를 바란다.

가만히 있을 것. 원하지만 다가갈 수 없는 것과 하나가 될 것.

인간은 그런 식으로 신과 하나가 된다. 신에게 다가갈 수는 없다.

신과 인간 사이의 거리는 아름다움의 영혼이다.

바라보기와 기다리기. 이것이 아름다움에 어울리는 태도이다. 우리가 생각하고 바라고 기원할 수 있는 한, 아름다움은 모습을 드러내지 않는다. 그래서 모든 아름다움 속에는 어쩔 수 없는 모순, 고통, 결핍이 들어 있다.

시詩. 불가능한 고통과 기쁨, 가슴을 찌르는 자극, 그리움. 프로방스의 시와 영국의 시. 순수한, 불순물이 섞이지 않은, 그래서 고통을 주는 기쁨. 순수한, 불순물이 섞이지 않은, 그래서 평안을 주는 고통.

아름다움. 우리가 손을 뻗지 않고 바라보기만 하는 열매.

마찬가지로, 물러서지 않고 바라보는 불행.

이중의 하강 운동. 중력이 하는 일을 사랑을 통하여 다시 할 것. 그런 이중의 하강 운동이 모든 예술의 열쇠가 아닐까?

은총의 거울인 하강 운동은 음악의 본질이다. 나머지는 그 본질을 끼워넣기 위한 틀에 지나지 않는다.

음이 높아지는 것은 순전히 감각적이다. 음이 낮아지는 것은 감각적인 하강인 동시에 영적인 상승이다. 그것이 모든 인간이 바라는 천국이다. 자연적 성향이 우리를 선으로 올라가게 해주길.

아름다움이라는 순수하고 진실된 감정을 불러일으키는 모든 것 안에 신이 실제로 현존한다. 말하자면 신이 세계 속에 강생한다. 아름다움이 그 징표이다.

아름다움은 강생이 가능함을 보여주는 실험적 증거이다.

그렇기 때문에 일류의 예술은 언제나 본질적으로 종교적이다(오늘날 사람들은 이 사실을 알지 못한다). 그레고리안 성가의 멜로디는 순교자의 죽음만큼 많은 것을 증언한다.

아름다움은 물질 속의 신의 현존이고, 아름다움과의 접촉은 말의 온전한 의미대로의 성사聖事인데, 타락한 탐미주의자가 왜 많을까? 네로 황제. 흑미사를 즐기던 사람들이 성체를 탐하던 것과 같을까?* 혹은, 그보다는, 진정한 아름다움이 아니라 잘못된 모방에 매달리는 게 아닐까? 신의 예술이 있듯이 악마의 예술도 있다. 네로는 악마의 예술을 사랑했다. 우리의 예술은 상당 부분이 악마적이다.

음악을 열정적으로 좋아하는 사람은 타락한 인간일 가능성이 크다. 하지만 그레고리안 성가를 갈망하는 사람이 그렇다고는 믿기 어렵다.

우리는 분명 많은 죄를 짓고 저주받았다. 우주의 시정詩情을 모두 잃어버린 것을 보면 그렇다.

곧 다가올 미래에는 예술의 자리가 없다. 예술은 집단적인데, 이제 집단적인 삶이 존재하지 않는다(단지 죽어버린 집단성이 있을 뿐이다). 또한 육체와 영혼 사이의 진정한 약속도 깨졌다. 그리스의 예술은 초기 기하학, 그리고 운동 경기와 같은 시대에, 중세의 예술은 장인들의 기술과 같은 시대에, 르네상스의 예술은 초기 기계 역학과 같은 시대에 이루어졌다. 1914년에 완전한 단절이 일어났다. 희극은 거의 불가능해졌고, 그저 풍

* 흑미사는 악마 숭배의 미사 혹은 중세 마녀사냥 시대에 교회로부터 추방 혹은 파문당한 이들이 행하던 신성모독의 미사이다. 기도문이나 성서를 거꾸로 외웠고, 성호도 반대 방향으로 그었다. 성체를 모욕하고 찢어 내던진 뒤, 그 성체 조각이 저주의 흑마술에 효험이 있다고 여겨 서로 가지려 했다.

자극을 위한 자리만 남아 있다(유베날리스*를 이해하기가 지금처럼 쉬운 적은 없었다). 예술은 거대한 무정부 상태의 품에서 다시 태어날 것이다. 그리고 불행 때문에 많은 것이 단순화될 테니 다시 태어난 예술은 아마도 서사시적일 것이다. 그러므로 그대가 다빈치나 바흐를 부러워한다 한들 의미 없는 일이다. 오늘날의 위대함은 다른 길로 가야 한다. 그것은 외롭고 어둡고 반향 없는 것일 수밖에 없다(그런데 반향 없는 예술은 없다).

* Juvenalis(55년~140년). 고대 로마의 시인으로, 부패한 사회상을 비판한 『풍자시집』을 썼다.

대수학

돈, 기계론, 대수학. 현대 문명의 3대 괴물. 완벽한 유사성.

본질적으로 대수학과 돈은 주어진 대상들이 같은 높이에 놓이게 만든다. 대수학은 지적으로, 돈은 실제적으로.

약 오십 년 전부터 프로방스 농민들의 생활은 헤시오도스*가 묘사한 그리스 농민들의 생활과 달라졌다. 그리스인들이 생각한 대로 과학에 의한 파괴가 일어났다. 돈과 대수학이 동시에 승리를 거두었다.

기호와 기호 내용의 관계가 소멸된다. 기호들끼리 교환되는 유희가 저절로, 그 자체를 목적으로 늘어난다. 또한 점차 더 복잡해지면서 기호의 기호가 필요해진다.

현대 세계의 특징 중에, 노력과 그 결과의 관계를 구체적으로 생각할 수 없게 되었음을 잊지 말 것. 매개체가 너무 많아졌다. 다른 경우도 마찬가지지만, 그 관계는 인간의 사고 안이 아니

* Hesiodos(B. C. 7세기경). 고대 그리스의 서사시인으로, 농부의 일상을 그린 일종의 교훈시 「일과 날」 등을 썼다.

라 단 한 가지 사물, 즉 돈 안에 자리 잡는다.

집단적인 사고는 사고로 존재할 수 없기 때문에 사물들로 옮겨 간다(기호들, 기계들…). 그로 인해 역설이 가능해진다. 즉, 이제 사물이 생각하고 인간은 사물의 상태로 환원된다.

집단적 사고는 없다. 반면 오늘날의 과학과 기술은 집단적이다. 전문화. 우리는 결과를 계승할 뿐 아니라, 이해하지 못한 채로 방법도 계승한다. 사실 그 두 가지는 분리되지 않는다. 대수학의 결과가 다른 과학들에 방법을 제공하기 때문이다.

우리의 문명을 상세하게 조사하기 혹은 비판하기. 그것은 무엇을 의미하는가? 어떤 함정이 인간으로 하여금 스스로 창조한 것의 노예가 되게 했는지 밝혀볼 것. 방법적인 사고와 행동 속에 무의식이 어떤 경로로 스며들었을까? 원시적인 삶으로 도피하는 것은 게으른 해결책이다. 우리가 살아가는 이 문명 속에서 정신과 세계가 맺은 원초적 계약을 되찾아야 한다. 그런데 그것은 불가능한 과업이다. 우리의 삶이 너무 짧고 협력이나 계승이 불가능하기 때문이다. 그렇다고 시도하지 못할 이유는 없다. 우리는 감옥에서 죽음을 기다리며 리라 연주를 배우던 소크라테스와 비슷하다. 어쨌든, 살아 있다.

양量의 무게에 눌려 쓰러진 정신은 유효성을 제외한 그 어떤 기준도 가질 수 없다.

현대의 삶은 무절제에 던져졌다. 무절제가 모든 것을, 행동과 사고, 공적인 생활과 사적인 생활 모두를 잠식했다. 예술의 퇴폐적 경향도 그로부터 비롯된다. 이제 그 어디에서도 균형을 찾아볼 수 없다. 가톨릭 운동은 부분적으로는 그러한 무절제에 반발한다. 적어도 가톨릭의 제의는 그대로 버티고 있다. 그것은 가톨릭의 제의가 우리 삶의 나머지 부분과 관계를 맺지 못하는 이유이기도 하다.

자본주의는 인간 집단을 자연으로부터 해방시켰다. 하지만 그렇게 해방된 인간 집단은 자연이 행하던 억압적 기능을 이어받아 개인에게 행한다.

물질적인 면에서도 그렇다. 불, 물 등등. 인간 집단은 자연의 힘을 모두 차지해버렸다.

질문. 사회가 얻어낸 자연으로부터의 해방을 개인에게 전이시킬 수 있을까?

행동과 그 결과, 노력과 그 성과 사이에 외적인 의지가 개입되는 한, 인간은 노예이다.

오늘날의 노예 그리고 주인 모두 그렇다. 인간은 자기 자신의 행동의 조건들을 절대 직접 마주하지 않는다. 사회라는 장막이 자연과 인간 사이를 가로막는다.

인간들이 아니라 자연과 직접 마주하기. 그것이 유일한 규율이다. 외적인 의지에 종속되면 노예가 된다. 그런데 그것이 모든 인간의 운명이다. 노예는 주인에게 종속되고, 주인은 노예에게 종속된다. 인간으로 하여금 비굴해지거나 전제적이 되게 하는, 혹은 동시에 두 가지 다 되게 하는 상황("힘을 얻기 위해 무엇에든 복종한다"*). 반대로 움직이지 않는 자연과 마주했을 때는 인간에게는 사고하는 것 외에 다른 방도가 없다.

억압이라는 관념은 어리석다. 『일리아스』를 읽어보면 알 수 있다. 억압 계급이라는 관념은 더욱더 어리석다. 사회의 억압적

* 원문은 라틴어다. "omnia serviliter pro dominatione." 고대 로마의 역사가 타키투스Tacitus가 『역사』에서 갈바를 배신하고 황제가 된 오토에 대해 한 말이다.

인 구조가 있을 뿐이다.

노예와 시민의 차이(몽테스키외, 루소…). 노예는 주인에게 복종하고, 시민은 법에 복종한다. 그런데 주인이 더없이 착할 수 있고, 반대로 법이 가혹할 수도 있다. 그렇다 해도 마찬가지다. 중요한 것은 일시적 기분과 규칙의 차이다.

일시적인 기분에의 복종이 어째서 노예 상태인가? 그 최종 원인은 영혼과 **시간**의 관계 속에 있다. 자의적인 것에 복종하는 사람에게는 시간의 흐름이 정지되고, 그는 다음 순간이 가져다줄 것을 **기다리게** 된다(너무도 굴욕적인 상황이다). 자기의 시간을 자기 것으로 가질 수 없다. 현재를 지렛대 삼아 미래로 가는 게 불가능해진다.

사물들과 마주하면 정신이 자유롭게 풀려난다. 사람들과 마주하면 정신이 타락한다. 복종의 형태이든 지배의 형태이든 아무튼 사람들에게 의존하면 그렇다.

어째서 자연과 나 사이에 그들이 있어야 하는가?

정체불명의 사상에 의지해서 헤아리려 하지 말 것(그러면 모든 게 우연에 좌우된다).

해결책. 우애를 나누는 사이만 제외하고 사람들을 그저 풍경으로 대할 것. **절대로** 우정을 구하지 말 것. 사람들 틈에서 생테티엔에서 르퓌*까지 달리는 기차 안에서처럼 살아갈 것.

무엇보다도 우정을 꿈꾸려 하지 말 것. 어디나 대가가 따른다. 오직 자기 자신만을 기대할 것.

억압이 어느 정도의 단계를 넘어서면 노예들은 필연적으로 강자를 숭배하게 된다. 다른 사람의 노리개가 되어 전적으로 강제에 묶여 있다는 생각을 받아들이기 힘들기 때문이다. 그래서 강제를 벗어날 수단을 잃어버린 사람은 해야만 하는 일을 하면서 스스로 원해서 하고 있다고 생각할 수밖에 없다. 복종이 아니라 헌신하고 있다고 믿는 것이다. 그럴 때는 해야 하는 것 이상을 해내려고 노력하게 된다. 그러면 고통이 줄어든다. 어린애들이 만일 벌을 주면서 시켰다면 견디기 힘들어했을 육체적인 고통을 놀 때에는 웃으면서 잘 참아내는 것과 같다. 예속의 굴종은 그런 우회를 거쳐 인간의 영혼을 타락시킨다. 그러한 헌신은 그 이유를 검증할 수 없다는 점에서 거짓에 근거한다(이 점에서, 프로테스탄트의 교리가 희생과 헌신이라는 관념에 근거하는 것과 달리 가톨릭의 복종 원칙은 인간을 자유롭게 하기 위한 것이다). 강제당한다는 참기 힘든 생각을 헌신한다는 환상이 아니라 필연이라는 관념으로 대체하는 것만이 구원의 길이다.

* 시몬 베유는 프랑스 남부의 르퓌에서 고등학교 철학교사로 일할 때 약 100킬로미터 거리의 생테티엔을 오가며 광부들의 조합 활동을 지원했다.

반면 반항은 즉시 분명하고 효과적인 행위로 옮겨진다면 모를까 언제나 반대의 결과를 낳는다. 반항에서 야기된 무력감이 굴욕을 가하기 때문이다. 다시 말하면, 억압받는 자의 무력한 반항은 억압을 가하는 자의 주된 발판이 된다.

이러한 의미에서 나폴레옹 휘하의 신병 이야기로 소설을 쓸 수 있을 것이다.

헌신이라는 거짓은 노예뿐 아니라 주인까지 속인다.

권력을 가진 사람들을 언제나 위험한 사물로 간주할 것. 자기 자신을 비하하지 않으면서 최대한 그들을 피할 것. 언젠가 비겁해지지 않으려면 그들의 힘에 부딪혀 부서질 수밖에 없을 때는, 인간들에 의해서가 아니라 사물들의 속성에 정복당했다고 생각할 것. 지하 감옥에서 묶여 있을 수 있지만, 그게 아니라도 장님이 되거나 몸이 마비될 수도 있다. 전혀 다를 게 없다.

강요된 복종 속에서 존엄성을 잃지 않는 유일한 방법은 주인을 사물로 여기는 것이다. 모든 인간은 필연의 노예이지만, 그것을 자각하는 노예는 훨씬 높이 있다.

사회적 문제. 사회적 삶이 숨 쉴 수 있는 것이 되도록 필요 불가결한 초자연의 몫을 최소한으로 줄일 것. 초자연의 몫을 늘리려 하는 것은 전부 나쁘다(그것은 신에 대한 시험이다).

되도록 사회적 삶에서 불행을 제거해야 한다. 불행은 오직 은총을 위해 쓰일 뿐이며 어차피 사회는 선택받은 자들의 사회가 아니기 때문이다. 선택받은 자들에게는 언제든 불행이 충분할 것이다.

거대한 짐승

거대한 짐승*은 우상 숭배의 유일한 대상이고, 신의 유일한 대용품이며, 나로부터 무한히 떨어져 있으면서 동시에 나 자신인 대상에 대한 유일한 모방이다.

인간이 이기주의자일 수 있다면 상당히 편할 것이다. 그러면 휴식을 누릴 수 있다. 하지만 진정으로, 인간은 이기주의자일 수 없다.

나 스스로를 목적으로 간주할 수 없다. 나와 같은 동류의 인간 역시 목적이 될 수 없다. 물체들도 마찬가지다. 물체들에는 인간들보다 더 합목적성이 주어질 수 없다.

목적으로 간주될 수 있는 것은 이 세상에서 단 한 가지, 집단뿐이다. 집단은 개인에 대해 일종의 초월성을 지니기 때문이다. 집단은 모든 우상 숭배의 대상이고, 우리를 이 땅에 묶어 놓는다. 수전노의 탐욕에서 보듯, 황금은 사회적이다. 야망에

* 플라톤은 『국가』에서 사회를 거대한 짐승에 비유한다. "덩치 크고 힘센 짐승을 기르는 사람이 그 짐승에 대해 […] 모든 것을 알고 난 뒤 그것을 지혜라 부르고 기술로 체계화하지만 […] 어떤 것이 아름답고 추한지 선하고 악한지 정의롭고 부정한지 아무것도 모르면서 그저 그 거대한 짐승에 대한 판단에 이 모든 이름을 적용할 뿐이다."

서 보듯, 권력은 사회적이다. 과학과 예술도 마찬가지다. 그렇다면 사랑은? 사랑은 어느 정도 예외이다. 그렇기 때문에 인간은 탐욕이나 야망이 아니라 사랑을 통해 신에 이를 수 있다. 하지만 사랑에도 사회적인 것이 전혀 없지는 않다(군주들, 저명 인사들, 권세를 누리는 사람들이 불러일으키는 정열).

같은 이름으로 불리지만 근본적으로 다른 두 가지 선이 있다. 하나는 악에 반대되는 것으로서의 선이고, 또 하나는 절대로서의 선이다. 절대는 반대를 갖지 않는다. 상대는 절대의 반대가 아니라 절대로부터 파생한다. 그 역의 관계는 성립하지 않는다. 우리가 원하는 것은 절대로서의 선이다. 그러나 우리가 도달할 수 있는 것은 악의 상관항으로서의 선뿐이다. 하녀를 주인 아가씨인 줄 알고 사랑에 빠지는 귀공자처럼, 그런 선이 절대적인 선인 줄 알고 다가가는 것이다. 옷 때문이다. 사회적인 것이 상대에 절대의 옷을 입힌다. 해결책은 관계 개념에 있다. 관계는 사회적인 것을 부수면서 그로부터 벗어난다. 관계는 개인의 전유물이다. 사회는 동굴이고, 동굴을 나서면 고독이다.

관계는 고독한 정신의 것이다. 군중은 결코 이해하지 못한다. 이러저러한 것이 이러저러한 점에서 이러저러한 한에서 좋거나 나쁘다. 군중은 이렇게 생각하지 못한다. 조건을 덧붙여서 생각할 줄 모른다.

사회적인 삶을 넘어선 사람은 스스로 원할 때 다시 돌아갈 수 있지만, 그 삶에 도달하지 못한 사람은 돌아갈 수 없다. 이것은 모든 일에 적용된다. 더 좋은 것과 덜 좋은 것 사이의 치환 불가능성도 그렇다.

식물적인 것과 사회적인 것은 선이 들어가지 못하는 두 영역이다.

그리스도는 식물적인 것의 죄를 대속했고, 사회적인 것의 죄는 대속하지 않았다. 그리스도는 이 세상을 위해 기도하지 않았다.

사회적인 것은 세상의 왕의 영역이다. 사회적인 것에 대하여 우리가 갖는 의무는 악을 제한하려고 애써야 한다는 것뿐이다(리슐리외*에 따르면 국가의 구원은 오직 이 세상 안에 있다).

교회처럼 신성을 주장하는 사회는 그것을 더럽히는 악보다는 그 안에 들어 있는 선의 대용품 때문에 더 위험하다.

사회적인 것에 붙여진 신성의 이름표. 그 황홀한 혼합 속에 모든 방종이 들어 있다. 변장한 악마.

의식은 사회적인 것에 속는다. 여분의 (상상적인) 에너지는 대

* Richelieu(1585~1642). 프랑스의 정치가로, 중앙집권 체제 확립에 큰 역할을 했다.

부분이 사회적인 것에 매달려 있다. 그것을 떼어내야 한다. 사회적인 것이 떼어내기 가장 어렵다.

이 점에서 사회 구조에 관한 묵상은 가장 중요한 정화 방법이다.

사회적인 것에 대한 응시는 이 세상으로부터 벗어나기만큼 좋은 방법이다. 따라서 내가 오랫동안 정치 주변에 머문 것은 잘못이 아니다.

초월적인 것, 초자연적인 것, 진정으로 영적인 것으로 들어가야만 사회적인 것보다 우위에 있을 수 있다. 사실상 그 전까지는 우리가 무엇을 하든 사회적인 것이 우리를 초월한다.

초자연적이지 않은 차원에서 사회는 울타리처럼 인간을 악으로부터(악의 몇 가지 형태로부터) 분리시킨다. 죄인이나 악인들의 사회는 설령 얼마 안 되는 사람으로 이루어졌다 해도 그 울타리를 제거해버린다.

무엇이 그런 사회로 들어서게 할까? 우리는 필요해서 혹은 별 생각 없이 그렇게 한다. 대부분의 경우 두 가지가 섞여 있다. 인간은 초자연적인 것을 제외하면 **오직** 사회만이 잔혹한 악덕이나 죄악에 빠지지 않게 막아준다는 사실을 알지 못하기에, 자기가 사회로 들어섰다고 생각하지 않는다. 인간은 자기 안에서 외적인 것으로 인해 바뀔 수 있는 부분이 어디까지인지 알지 못하기에, 자기가 다른 사람이 될 것임을 알지 못한다. 우리는 언제나 스스로 깨닫지 못한 채로 사회로 들어선다.

로마, 자기 자신만을 숭배하는 무신론자이며 유물론자인 거대한 짐승. 이스라엘, 종교적인 거대한 짐승. 두 가지 다 사랑할 가치가 없다. 거대한 짐승은 어느 경우에나 혐오스럽다.

중력만이 군림하는 사회에서 살 수 있을까? 초자연이 약간이라도 있어야 살 수 있을까?

로마에는 중력만이 군림했다.

히브리인들의 나라도 마찬가지였다. 그들의 신은 무거웠다.

로마는 신비주의가 전혀 없었던 유일한 고대 민족일 것이다. 어째서 그럴까? 로마는 이스라엘과 마찬가지로 도망쳐 나온 자들이 세운 인위적인 나라였다.

플라톤의 거대한 짐승. 마르크스주의가 하는 말이 맞다면, 플라톤의 책에서 거대한 짐승이 등장하는 대목 안에 이미 온전히 담겨 있다. 마르크스주의에 대한 반박까지 담겨 있다.

사회적인 것이 갖는 힘. 몇 사람의 합의가 실재감을 준다. 또한 의무감을 준다. 그 합의에 어긋나면 죄가 된다. 모든 뒤집기가

가능하다. 순응은 은총의 모방이다.

평범한 사람이라도 자기 직업에 관련된 대상들에 대해서는 만일 삶의 모든 상황에 확장된다면 그들을 영웅이나 성인으로 만들어줄 만한 놀라운 미덕을 갖게 만든다. 더없이 신기한 일이다. 사회적인 것이 갖는 힘 때문이다.

하지만 사회적인 것의 힘은 그런 미덕들이 **자연적**인 것이 되게 한다. 결국 그런 미덕들은 보상이 필요해진다.

바리사이. "내가 진실로 너희에게 말한다. 그들은 자기들이 받을 상을 이미 받았다." 이 말을 뒤집으면 그리스도는 세리나 창녀들에 대해 다시 말할 수 있다. 내가 진실로 너희에게 말한다. 그들은 이미 자기들이 받을 벌을, 즉 사회석인 비난을 다 받았다. 그들이 받을 벌을 이미 다 받은 한, 숨어 계신 아버지는 그들을 벌하지 않는다. 반대로 사회의 비난을 받지 않는 죄는 숨어 계신 아버지로부터 합당한 벌을 받게 된다. 결국 사회적인 비난은 운명이 베푸는 은혜이다. 하지만 사회적 비난은 그것을 견디지 못해 자기들만의 특수한 사회를 형성하여 멋대로 그 안에 머무는 사람들의 경우에는 추가의 악이 된다. 범죄자들이나 동성애자들의 사회.

거짓 신을 섬기면(어떤 모습으로 육화되었든 사회라는 거대한 짐승을 섬기면), 악에 대한 공포를 제거함으로써 악을 정화하게 된다. 거짓 신을 섬기는 이들에게는 섬김을 게을리하는 것 외에 그 어떤 것도 악이 아니다. 그러나 참된 신을 섬기면 악에 대한 공포가 사라지기는커녕 오히려 강해진다. 악에 대해 공포를 느끼면서, 동시에 악을 신의 뜻에서 비롯된 것으로 사랑하기.

싸움의 한쪽이 선의 편이라고 믿는 사람은 또한 선의 편이 이긴다고 믿는다.

어떤 선을 사랑했는데 이어진 사건들로 인해 그 선이 더는 선이 아니게 될 때, 그런 선을 바라보는 것은 견디기 힘든 고통이다.

더는 존재하지 않게 된 것이 선일 수 있다고 생각하면 고통스럽고, 그래서 우리는 그 생각을 멀리하게 된다. 그렇게 거대한 짐승에 복종한다.

공산주의자들의 정신적 힘은 자신들이 선이라고 믿을 뿐 아니라 머지않아 틀림없이 이루어지리라 믿는 것을 향해 가는 데서 나온다. 그래서 성자가 아니면서도(성자와 전혀 다르다) 오직 성자만이 신적 정의를 위해서 감당할 수 있을 법한 위험과 고통을 견뎌낼 수 있다.

그들은 정신 상태가 몇 가지 점에서 초기 그리스도교인들과 아주 유사하다.

그러한 종말론적인 선전은 그리스도교와 공산주의가 발

생 초기에 박해받은 이유를 아주 잘 설명해준다.

"적게 용서받은 사람은 적게 사랑한다."* 마음속에 사회적인 힘의 자리가 큰 사람의 이야기다. 그런 사람에게는 은총의 자리가 없다. 선에 부합하는 거대한 짐승에 대한 복종은 사회적인 미덕일 뿐이다.

바리사이는 거대한 짐승에 복종함으로써 덕을 갖춘 자들이다.

애덕의 사랑은 어느 나라에서나 개인들의 영적 발전의 조건이 되는 모든 것을 사랑할 수 있고 또 사랑해야 한다. 즉, 한편으로는 사회적 질서에 대한 사랑. 설사 나쁜 질서라 해도 무질서보다는 낫기 때문이다. 또 한편으로는 언어, 제의, 복장, 즉 아름다움에 관계되는 모든 것에 대한, 한 나라의 삶을 감싸는 모든 시詩에 대한 사랑이다.

하지만 국가는 초자연적인 사랑의 대상이 될 수 없다. 영혼이 없기 때문이다. 국가는 거대한 짐승이다.

하지만 우리가 뿌리내린 나라는…

그것은 사회적이지 않다. 우리가 호흡하는 공기가 그렇듯이 더 이상 의식되지 않는 인간적인 환경이다. 자연, 과거, 전

* 「루카복음」 7장 47절.

통과의 접촉.

뿌리내리기는 사회적인 것이 아니다.

애국심. 애덕이 아닌 다른 사랑은 안 된다. 사회적인 것으로서의 국가는 애덕의 대상이 될 수 없다. 하지만 우리가 살아가는 나라는 영원한 전통을 지닌 환경으로서 사랑의 대상이 될 수 있다. 어느 나라든 그런 사랑의 대상이 될 수 있다.

이스라엘

그리스도교 정신은 이제 전체주의적이고 정복적이고 절멸시킨다. 이 땅에 신이 부재하고 그 어떤 것도 행하지 않는다는 생각을 발전시키지 못했기 때문이다. 그리스도교 정신은 그리스도에 매달리는 것만큼 야훼에 매달렸다. 이스라엘이 로마에 맞설 수 있었던 것은 로마를 닮았기 때문이다. 그리스도교는 발생 초기부터, 다시 말하면 로마 제국의 공인을 받기 이전에 이미 로마로 인해 더럽혀졌다. 로마가 행한 악이 진정으로 회복된 적은 없었다.

신이 모세와 여호수아에게 순전히 현세적인 약속을 주던 시기에 이집트는 영혼의 영원한 구원을 향해 갔다. 히브리인들은 이집트의 계시를 거부하고 자신들에게 합당한 신을 가졌다. 육체적이고 집단적인, 마치 홀로 유배된 듯 그 누구의 영혼에도 말한 적 없는 신이었다(「시편」만이 예외다). 구약성서에 등장하는 인물 중에는 아벨, 에노크, 노아, 멜키세덱, 욥, 다니엘만이 순수하다. 도망 다니는 노예의 민족이자 다른 문명이 가꾸어놓은 낙원의 땅을 정복한 민족, 그 문명을 이룩하는 데 조금도 참여하지 않았으면서 오히려 학살하고 파괴한 민족이 선을 행하지 못한다고 해서 놀랄 일은 아니다. 이 민족에 대하여

'바로잡는 신'을 언급한다는 것은 어불성설이다.

무서운 거짓에 의해 밑바닥부터 타락한, 그 영감마저 타락한 문명(우리의 문명도 그렇다)에 수없이 많은 악이 존재한다고 해서 놀랍지는 않다. 이스라엘의 저주가 그리스도교 정신을 짓누른다. 이스라엘은 잔혹 행위, 종교 재판, 이교도와 비신자 들의 학살이었다. 또한 자본주의였다. 이스라엘을 가장 혐오하는 이들에게 특히 그랬다.

중보자 그리스도의 인격을 통하지 않고서는 인간과 신 사이의 **인격적** 관계가 불가능하다. 중보자 밖에서 신은 집단과 민족의 신이 될 수밖에 없다. 이스라엘은 민족적인 신을 선택했고, 중보자 그리스도를 거부했다. 때로 진정한 유일신을 향하기도 했지만, 언제나 집단의 신으로 되돌아갔다. 보다 정확히는, 되돌아가지 않을 수 없었다.

초자연적인 것과 관계하는 인간은 본질적으로 왕이다. 무한히 작은 형태로 사회 안에 존재하는, 사회적인 것에 대해 초월적인 질서이기 때문이다.

초자연적인 것과 관계하는 인간은 사회의 계급 제도 안에서 어떤 위치를 차지하든 상관 없다.

반면 사회 질서 안에서 위대한 인간이 되려면 거대한 짐승의 에너지를 많이 취해야만 한다. 그런 인간은 초자연과 연관이 없다.

모세, 여호수아. 사회적 에너지를 많이 얻은 사람들 안의 초자연의 부분을 보여준다.

이스라엘은 초자연적인 사회적 삶을 시도했다. 그런 부류로는 최상의 것을 이루었다. 다시 시도할 필요도 없다. 그 결과는 거대한 짐승에게 가능한 신적인 계시가 어떤 것인지 잘 보여준다.

이사야가 최초로 순수한 빛을 가져왔다.

이스라엘이 로마에 저항한 것은 이스라엘의 신이 비록 비물질적인 신이었기는 하지만 로마 황제와 같은 수준에 있는 이 세상의 주권자였기 때문이다. 그리고 바로 그에 힘입어 그리스도교가 탄생할 수 있었다. 그때까지 이스라엘의 종교는 충분히 성장하지 못한 덕분에 깨지기 쉽다는 약점이 없었고, 그러한 견고성 덕분에 가장 고귀한 것이 자라날 수 있었다.

그리스도의 수난이 가능하도록 이스라엘은 강생을 알지 못해야 했다. 로마도 마찬가지다(아마도 이 두 민족만이 그렇다). 하지만 이스라엘은 어느 정도는 신과 연관되어야 했다. 영성과 초자연 없이, 가능한 최대로 그래야 했다. 오로지 집단적이기만 한 종교. 이스라엘은 그러한 무지와 암흑으로 인하여 선택받은 민족이 되었다. 우리는 이사야의 말을 이해할 수 있다. "나는 그들이 내 말을 듣지 않도록 마음을 둔하게 하였다."*

그렇게 이스라엘의 모든 것이 죄로 더럽혀졌다. 강생한 신성을 접하지 않고서는 그 어떤 것도 순수할 수 없기 때문이다. 또한 그래야 그런 신성을 접하지 않았음이 명백하게 드러나기 때문이다.

천사와의 싸움은 야곱의 커다란 오점이 아닐까? "거룩한 이는… 야곱을 그 행실에 따라 갚으시리라. 그는 제 형의 자리를 차지했고 어른이 되어서는 하느님과 겨루었다. 그는 천사와 겨루어 이겼고 울면서 그에게 호의를 간청했다."**

신에 맞서 싸워서 지지 않은 것은 커다란 불행이 아닐까?

이스라엘. 아브라함을 포함하여 그 이후로(몇몇 선지자들은 예외다) 마치 의도한 것처럼 모든 게 더럽혀졌고 잔혹하다. 조심하라! 이것이 바로 악이다!라고 확실히 알려주려는 것 같다.

눈멀기 위하여, 그리스도의 사형집행인이 되기 위하여 선택된 민족.

유대인. 이 한 줌의 뿌리 뽑힌 자들로 인해 지구 전체의 뿌리가 뽑혔다. 그리스도교에서 그들이 행한 역할은 그리스도교 정신이 스스로의 과거로부터 뿌리 뽑히게 만든 것이다. 르네상스에 다시 뿌리내리려는 시도가 있었지만 실패했다. 반그리스도

* 「이사야서」 6장 10절 참조.

** 「호세아서」 12장 3~5절.

교적인 것을 지향했기 때문이다. 계몽주의의 경향, 1789년,* 정교분리주의 등은 진보라는 거짓에 의해 이러한 뿌리 뽑힘을 심화시켰다. 그리고 뿌리 뽑힌 유럽은 식민지 정복을 통하여 나머지 세계의 뿌리 뽑힘을 야기했다. 자본주의, 전체주의는 세계가 뿌리 뽑히는 과정에 기여했다. 유대인을 배척한 자들이 유대의 영향을 전한 것이다. 하지만 그들이 독으로 이 세계의 뿌리를 뽑아내기 전에, 동양에서는 아시리아가 서양에서는 로마가 이미 검으로 그 일을 했다.

초기 그리스도교는 그리스도의 메시지를 받아들일 수 있도록 가르치는 교의** 교육이라는 개념을 통해 진보라는 독소 관념을 만들어냈다. 그것은 온 세계의 회심과 임박한 세계의 종말이라는 희망과 부합한다. 그렇지만 그 둘 중 어느 것도 일어나지 않았다. 17세기 말에 이르러 진보의 관념은 그리스도교적인 계시의 순간 너머로 확장되었고, 그때부터 오히려 그리스도교에 맞서게 되었다.

그리스도교의 진리에 섞인 다른 독소들은 유대교에서 비롯된다. 진보의 관념이라는 독소만은 그리스도교 특유의 것

* 프랑스대혁명이 일어난 해이다.

** 교회가 받아들인 기본 원리이자 신앙 규범을 이루는 교리doctrine 중에 교회가 공적 권위로 인정하여 신자들에게 가르치는 핵심 요소들을 교의dogma라고 한다.

이다.

교의 교육이라는 비유는 구원을 위해 유일하게 중요한 개인의 운명을 민족의 운명 속에 녹여버린다.

그리스도교는 역사 속에서 조화를 추구했다. 그것이 헤겔 사상과 마르크스 사상의 싹이다. 한 방향으로 이끌려 이어지는 역사라는 관념은 그리스도교적이다.

내가 보기에 그것은 가장 잘못된 사상이다. 생성하고 변천하는 것 속에서, 영원성에 반대되는 것 속에서 이루어지는 조화의 추구. 상반되는 것들의 잘못된 결합.

인문주의*와 그 뒤에 이어진 사상들은 고대로의 회귀가 아니다. 그리스도교의 내적인 독소가 확대되었을 뿐이다.

초자연적인 사랑이야말로 자유롭다. 초자연적인 사랑을 강제하면 곧 자연적인 사랑으로 바뀐다. 역으로, 초자연적인 사랑이 없는 자유, 즉 1789년의 자유는 완전히 공허하다. 그것은 언젠가 실재가 될 가능성이 전혀 없는 단순한 추상이다.

* 신 중심의 헤브라이즘에 반발한 르네상스 사상을 말한다. 그리스·로마의 고전에 대한 탐구를 통해 인간 중심의 세계관을 추구했다.

어떤 질서에 대해 그보다 상위의 질서, 무한히 높이 있는 질서는 무한히 작게 그려질 수밖에 없다. 밀알, 순간, 영원의 형상 등.

원과 직선이 만나는 점. 접점. 무한히 작은 것의 형태로 낮은 질서 속에 자리 잡은 높은 질서.

그리스도는 인류와 신의 접점이다.

겸허함. 순수한 선의 무한히 작다는 특성.

균형이란 한 질서가 다른 질서에 복종한 상태이다. 그때 다른 질서는 본래의 질서를 초월하면서 또한 본래의 질서 안에 무한히 작은 형태로 들어 있다.

따라서 진정한 왕권이 이상적인 나라를 이룬다.

사회 속의 각 개인은 무한히 작지만 사회적인 것을 초월하는 무한히 큰 질서를 나타낸다.

한 나라에 살아가는 사람들이 그 나라를 위해 갖는 사랑, 군주를 향한 신하의 사랑은 초자연적이어야 한다.

균형만이 힘을 부수고 없앨 수 있다. 사회의 질서는 결국 힘들의 균형이다.

은총을 얻지 못한 사람이 의인이 되기를 기대할 수는 없으므로, 여러 가지 불의가 끊임없이 동요하며 서로를 처벌하도록 조직된 사회가 필요하다.

오직 균형만이 힘을 무화시킬 수 있다.

사회의 균형이 어디에서부터 무너졌는지 알면 가벼운 쪽에 추를 얹어 저울의 평형을 되찾아야 한다. 악을 그런 의도에서 다룬다면, 설령 그 추가 악이라 해도, 우리는 더럽혀지지 않는다. 하지만 균형을 생각하고 있어야 하고, 또한 "승자의 진영에서 달아나는 도망자"인 정의처럼 언제든 자리를 바꿀 준비가 되어 있어야 한다.

『고르기아스*Gorgias*』에서 기하학에 관한 유명한 구절의 의미. 사물의 본성에 따르면 무한한 발전은 불가능하다. 이 세계는 온전히 절도와 균형 위에 자리 잡고 있으며, 나라 역시 그렇다. 모든 야심은 무절제이고 부조리이다.

"그대가 기하학을 소홀히 하기 때문이다."*

야심에 찬 사람은 비례의 관념을 완전히 잊는다.

* 원문은 그리스어이다. "γεωμετριας γαρ αμελεις."

"나는 이 권력 때문에 어리석은 백성들에게 속박되는구나.
애석하여라! 나의 자부심마저도 그대의 팔이 필요하구나."*

봉건적인 주종 관계는 복종을 인간 대 인간의 일로 만듦으로써 거대한 짐승의 역할을 현저하게 감소시킨다.

법의 경우는 한 걸음 더 나아간다.

법률에 복종하거나 한 사람에 복종해야 한다. 수도회들 대부분이 그렇다. 이를 본받아 나라를 세울 것.

영주에게, 하지만 아무것도 걸치지 않은 한 사람에게, 거대한 짐승에서 빌려온 위엄이 아니라 오직 맹세의 위엄만을 갖춘 이에게 복종하기.

제대로 된 사회는 국가가 배의 키처럼 소극적인 기능만을 행하는 사회이다. 균형이 무너지기 시작하면 그것을 바로잡기 위하여 적당한 시기에 가벼운 힘을 가한다.

플라톤의 『정치가*Politique*』는 승자와 패자로 구성된 사회 계층이 권력을 행사해야 한다고 말한다. 하지만 미개인들이 승자

* 아시리아의 전설상의 여왕 세미라미스에 관한 폴 발레리Paul Valéry의 시 「세미라미스의 노래Air de Sémiramis」의 구절이다.

여야 자연의 원리에 어긋나지 않는다. 미개인의 승리가 파괴적이지만 않다면 문명인이 미개인을 이길 때보다 더 많은 결실을 맺을 수 있다.

그런데 기술로 인해 힘과 문명이 같은 쪽에 놓이면서 그러한 갱생은 불가능해졌다. 기술은 저주받았다.

플라톤이 말한 대로 강자와 약자가 혼합된다면 모를까, 초자연적인 요소의 개입 없이는 강자와 약자 사이의 힘의 분배는 불가능하다.

법률 그리고 최고 권력의 부여라는 이중의 형태를 지닌 정당성은 사회 안에서 초자연적이다. 법률에 의해 조절되는 군주제가 『정치가』가 말하는 혼합체를 실현할 수 있다. 하지만 종교 없는 정당성은 불가능하다.

정당성의 빛을 받지 못한 권위에 복종하는 것은 악몽이다.

모든 힘을 벗어던진 이념으로서의 순수한 정당성에 최고의 권위를 부여할 수 있는 것은 오로지 지금까지 그래 왔고 또 영원히 그러리라는 생각뿐이다.

따라서 개혁이란 언제나 둘 중 하나이다. 그동안 타락하도록 버려둔 과거로 회귀하기 혹은 현재의 제도를 새로운 조건들에 적합하게 만들기. 이때 적합하게 만든다는 것은 그냥 바꾸는 게 아니라 불변의 비율을 유지하는 것이다. 즉, 진정으로 불변의 비율을 유지하려는 사람은 12:4의 비율에서 4가 5로 바뀔 때 12:5가 아니라 12 역시 15로 바꾼다.

정당한 권위의 존재는 노동이나 사회생활의 행위들에 궁극적인 목적을 부여한다. 자기 확대의 갈망(자유주의가 인정하는 유일한 동기)이 아닌 다른 목적이다.

정당성은 시간 속의 연속, 항구성, 불변항이다. 정당성은 지금 존재하고 있고 과거에도 존재해왔고 미래에도 존재할 게 분명한 어떤 것을 사회적 삶의 궁극적 목적으로 부여한다. 정당성은 존재하는 것을 원하게 만든다.

정당성의 파괴. 정복에 의해서가 아니라 한 나라 안에서 정당한 권위가 남용됨으로써 발생한 뿌리 뽑힘은 필연적으로 진보라는 강박적 관념을 불러일으킨다. 궁극성이 미래를 향하게 되기 때문이다.

무신론적 유물론은 혁명적일 수밖에 없다. 이 세상의 절대적 선을 지향하기 위해서는 그 선이 미래에 존재해야 하기 때문이다. 그러한 도약이 완성되기 위해서는 다가올 완전성과 현재를 연결할 매개자가 필요하다. 레닌 같은 지도자가 그렇다. 매개자로서의 지도자는 과오를 범할 수 없고 전적으로 순수하다. 악은 그 지도자를 거치면서 선이 된다.

이렇게 되든가, 아니면 신을 사랑하든가, 아니면 일상적인 삶의 사소한 불행이나 행복을 겪으며 살아야 한다.

진보와 낮은 수준의 결합(한 세대가 이전 세대가 멈춘 지점에서부터 계속 추구해갈 수 있는 것은 필연적으로 외적인 것이기 때문이다). 힘과 낮음이 같은 부류에 속함을 잘 말해준다.

마르크스주의자들과 19세기 전체가 범한 가장 큰 오류는 정면을 향해 걸어가기만 했으면서 하늘로 날아올랐다고 믿은 것이다.

무신론 사상은 대표적인 진보 사상이고, 경험적인 존재론적 증거에 대한 부정이다. 범속한 인간이 자기 힘으로 최상의 것을 산출해낼 수 있다는 뜻이기 때문이다. 그런데 현대 과학은 앞다투어 진보 사상을 무너트린다. 다윈은 라마르크에게서 볼 수 있는 내적 진보의 환상을 깨뜨렸다. 돌연변이론에 따르면 모든 것이 우연과 도태이다. 에너지론에 따르면 에너지는 손실될 뿐 결코 상승하지 않는다. 식물과 동물에까지 그대로 적용된다.

심리학과 사회학이 과학이 되려면 에너지 개념을, 진보 사상과 맞지 않더라도 사용해야 한다. 그러면 심리학과 사회학이 진정한 신앙의 빛을 띨 수 있다.

영원한 것만이 시간으로 인해 손상되지 않는다. 예술작품이 영원히 칭송받으려면, 사랑과 우정이 평생 지속되려면(하루 온종일 순수한 상태로 있으려면), 또한 인간 조건에 대한 이해가 여러 가지 체험과 운명의 변천 후에도 변하지 않으려면, 하늘 다른 쪽에서 영감이 내려와야 한다.

에스파냐 무정부주의자들이 꿈꾼 이상처럼 전혀 불가능한 미래는 가능한 미래보다 에너지 손실이 훨씬 적다. 영원과의 거리도 짧다. 불가능한 미래는 가능하다는 환상만 없으면 에너지 손실을 불러오지 않을 수 있다. 불가능한 것으로 받아들여진 것은 영원으로 옮겨 가기 때문이다.

가능성은 상상력의 자리이며, 따라서 에너지 손실이 일어난다. 확실히 존재하는 것 혹은 절대로 존재할 수 없는 것을 원해야 하고, 두 가지를 모두 원하면 더 좋다. 확실히 존재하거나 혹은 절대로 존재할 수 없는 것은 생성 변천을 벗어난다. 상상력이 끼어들지 않은 과거는 영원의 색채를 띤 시간이다(무언가와의 만남으로 인해 솟아오른 순수한 과거). 그런 과거의 실재감은 순수하다. 그것은 순수한 기쁨이다. 아름다움이다. 프루스트.

우리는 현재에 얽매여 있다. 그리고 상상 속에서 미래를 만들어낸다. 우리가 다시 만들어낸 게 아닌 과거만이 순수한 실재이다.

시간이 흘러가면 시간에 매인 것들은 소모되고 파괴된다. 따라서 현재보다 과거 속에 영원성이 많다. 프루스트에게 있어서 기억의 가치와 유사한, 올바로 이해된 역사의 가치. 과거는 실재적이고 동시에 우리보다 나은 무언가를, 우리를 높은 곳으로 끌어갈 무언가를 제시한다(미래는 결코 할 수 없는 일이다).

과거. 실재적인 것이지만, 우리 손이 절대 미칠 수 없다. 한 발짝도 다가갈 수 없고, 단지 그 빛이 다가오도록 그쪽을 향할 수 있을 뿐이다. 이 점에서 과거는 영원한 초자연적 실재를 가장 잘 보여준다.

그래서 있는 그대로의 추억 속에 기쁨과 아름다움이 있는 게 아닐까?

온 세상을 더럽히고 전부 비워버린 우리가 어떻게 다시 태어날 수 있을까?

우리는 오직 과거로부터만 다시 태어날 수 있다. 우리가 과거를 사랑한다면.

상반되는 것들. 오늘날 우리는 전체주의를 갈망하면서 동시에 혐오한다. 거의 모든 사람들이 한 가지 전체주의를 사랑하면서 또 다른 전체주의를 증오한다.

우리는 원래 한 가지를 동시에 사랑하고 증오하는 걸까? 우리는 늘 어떤 것을 증오하면서 그것을 다른 형태로 사랑하고 싶어 하는 걸까? 어떤 것을 사랑하면서도 마찬가지일까?

혁명이라는 지속적인 환상은, 만일 지금 일어나고 있는 폭력에 가담하지 않은 희생자들이 힘을 쥐게 되면 그것을 올바르게 사용하리라는 믿음에 근거한다. 하지만 영혼이 성성 가까이에 이른 사람들을 제외하고는, 힘은 가해자와 마찬가지로 피해자도 더럽힌다. 칼자루에 있는 악이 칼끝으로 옮겨 갈 뿐이다. 피해자들은 지위가 바뀌어 꼭대기에 오르면 변화에 취하게 되고, 가해자가 행했던 것과 똑같은 악을, 혹은 그 이상의 악을 행한다. 그러다가 곧 그 힘을 빼앗긴다.

사회주의는 선을 패자 쪽에 놓고, 민족주의는 승자 쪽에 놓는다. 하지만 사회주의의 혁명적 급진파는 낮게 태어났을지언정 성격이나 소명에 있어서 승리자인 사람들을 이용하고, 따라서 민족주의와 동일한 윤리로 귀결된다.

현대의 전체주의와 12세기 가톨릭 전체주의의 관계는, 세속적인 프리메이슨 정신과 르네상스 인문주의의 관계와 유사하다. 한번 동요할 때마다 인류는 계속 타락하게 된다. 어디까지 내려갈까?

현대 문명이 붕괴된 이후에는 둘 중 하나다. 고대 문명들이 그랬듯이 멸망하기 혹은 중심을 잃은 세계에 적응하기.

우리는 중심으로 모으는 힘을 깨뜨릴 게 아니라(가만두어도 저절로 눈송이처럼 불어나 파국적인 재난을 맞게 된다), 미래를 준비해야 한다.

우리 시대는 내적인 위계를 파괴했다. 그런데 어떻게 조악한 형상에 불과한 사회적 위계를 남겨두겠는가.

그대가 인간이 모든 것을 잃어버린 이 시대보다 더 나은 시대에 태어날 수는 없으리라.

노동의 신비주의

인간과 인간을 둘러싼 자연의 힘들 사이에는 균형이 없다는 것이 바로 인간 조건의 비밀이다. 자연의 힘은 행동하지 않으면서도 인간을 무한히 넘어선다. 균형은 오로지 노동 속에서 스스로의 삶을 재창조하는 인간의 행동 속에 있다.

인간의 위대함은 언제나 자신의 삶을 재창조한다는 데 있다. 주어진 것을 재창조하기. 스스로 감내해야 하는 것까지도 다시 만들어내기. 인간은 노동을 통하여 고유한 자연적 존재를 만들어낸다. 학문을 통하여 상징을 수단으로 우주를 재창조한다. 예술을 통하여 육체와 영혼의 결합을 재창조한다(에우팔리노스의 연설*). 셋 중에 어느 하나를 나머지 둘과 관련짓지 않고 별도로 보면 초라하고 공허하며 헛되다는 사실에 주의할 것. 세 가지의 결합. 노동자 문화(아직 기다려야 한다)…

* 대화 형식으로 쓰여진 폴 발레리의 「에우팔리노스 혹은 건축가Eupalinos ou l'Architecte」에서 파이드로스가 소크라테스에게 에우팔리노스(기원전 6세기 고대 그리스의 건축 장인으로, 사모스 섬의 마르지 않는 샘 아이아테스에 수도를 연결하여 도심으로 물을 끌어왔다)의 연설에 대해 말한다. "그가 일꾼들에게 한 연설은 얼마나 멋진가! 밤의 명상의 흔적은 조금도 없다. 그 안에는 오직 명령과 숫자들뿐이다."

플라톤 역시 선구자일 뿐이다. 그리스인들은 예술이나 스포츠를 잘 알았지만 노동은 알지 못했다. 주인은 노예의 노예이다. 노예가 주인을 만들어낸다는 의미에서 그렇다.

두 가지 해야 할 일.

기계에 개성을 부여할 것.

학문에 개성을 부여할 것(대중화, 직업의 기초에 관한 소크라테스적인 민중 대학*).

육체노동. 왜 지금껏 노동에 대한 혐오감을 어떻게 사용할지에 대해 글을 쓴 노동자 신비주의자 혹은 농민 신비주의자가 없었을까? 영혼은 너무도 흔하고 늘 위협적인 그 혐오를 피하려 한다. 식물적인 반작용으로 인정하지 않으려 한다. 인정하면 죽음의 위험이 닥치기 때문이다. 그것이 바로 민중 고유의

* 고등 교육을 대중에게 확대하기 위해 덴마크의 철학자이자 목사인 니콜라이 그룬트비Nikolaj Grundtvig(1783~1872)가 시작한 제도이다. 누구에게나 평생 동안 교육의 기회를 제공하여 모든 개인이 사회 구성원으로 대우받을 수 있게 한다는 입장에서 출발했다. 프랑스에서는 노동자 출신인 조르주 드에름Georges Deherme(1867~1937)을 중심으로 1899년 '사상의 협력La Coopération des idées'을 모토로 한 민중 대학 운동이 시작되었고, 베유의 스승이던 알랭(에밀 샤르티에Émile Chartier)도 강사진으로 참여했다.

거짓의 근원이다(계층마다 고유의 거짓이 있다).

노동에 대한 혐오감은 시간의 무게이다. 그 혐오감을 인정하되 굴복하지는 않아야 상승할 수 있다.

모든 형태의 혐오감은 인간에게 상승을 위한 사다리로 주어진 가장 소중한 비참함 중 하나이다. 나는 그 혜택을 아주 많이 누린다.

모든 혐오를 자기 혐오로 돌려놓을 것.

단조로움은 세상에서 가장 아름답거나 가장 추악하다. 영원성의 반영일 때는 가장 아름답고, 변화 없이 이어지는 영속성의 반영일 때는 추악하다. 초월된 시간 혹은 불모가 된 시간.

원은 아름다운 단조로움의 상징이며, 시계추의 움직임은 추악한 단조로움의 상징이다.

노동의 영성. 노동은 튕긴 공이 되돌아오듯이 궁극적 목적이 튕겨 돌아오는 현상을 지치도록 느끼게 한다. 먹기 위해 일하고, 일하기 위해 먹는다. 이 둘 중 어느 하나를 궁극의 목적으로 보거나 혹은 둘을 서로 떼어놓고 각각을 목적으로 보아서는 안 된다. 진리는 이 둘의 순환 속에 있다.

쳇바퀴를 도는 다람쥐와 천체의 회전. 극단의 비참함과 극단의 위대함.

자기 자신을 쳇바퀴 도는 다람쥐로 여길 때 인간은 스스로를 속이지 않는다면 구원에 가까이 있다.

오로지 살기 위해 오랜 시간 동안 수고할 수밖에 없다는 것이 육체노동의 위대한 고통이다.

노예에게는 피로의 목적으로 주어진 이익이 오로지 생존뿐이다.

따라서 노예는 초연해지거나 아니면 식물의 수준으로 떨어지는 수밖에 없다.

지상의 그 어떤 궁극적 목적도 노동자들을 신과 떼어놓지 못한다. 오직 노동자들만이 그런 상황에 있다. 노동자와 다른 조건에 놓인 사람들에게는 인간과 순수한 선 사이를 가로막는 개별적인 목적들이 있다. 노동자들에게는 그러한 장막이 없다. 벗어버려야 할 여분의 것이 없다.

어떤 선을 위해서가 아니라 필연에 의하여(이끌려서가 아니라 밀려나서), 존재를 있는 그대로 유지하기 위해서 노력하는 것, 그 역시 종속이다.

그런 의미에서 육체노동자의 종속은 피할 수 없다.

궁극적 목적이 없는 노력.

목적 없는 목적성은 끔찍하다. 혹은 그 무엇보다도 아름답다. 아름다운 것만이 지금 있는 그대로에 만족할 수 있게 해준다.

노동자들에게는 빵보다 시가 필요하다. 그들의 삶이 시가 되어야 한다. 영원성의 빛이 필요하다.

오직 종교만이 시의 근원이 될 수 있다.

민중의 아편은 종교가 아니라 혁명이다.

어떤 형태로 이루어지든 모든 도덕의 타락은 시가 없을 때 일어난다.

노예 상태란 영원성의 빛이 없고 시가 없고 종교가 없는 노동이다.

영원성의 빛은 사는 이유, 일하는 이유를 주는 게 아니라, 그런 이유를 찾지 않아도 되는 충만함을 준다.

그렇지 못할 경우, 해야만 한다는 강제와 얻게 될 이득만이 자극제가 된다. 하나(강제)는 민중의 억압을 의미하며, 다른 하나(이득)는 민중의 타락을 의미한다.

육체노동. 몸속으로 들어오는 시간. 그리스도가 성체의 신비를 통해 물질이 되듯이, 인간은 노동을 통해 물질이 된다. 노동은 죽음과 같다.

죽음을 거쳐야 한다. 죽음을 겪어야 하며 이 세계의 중력을 견뎌야 한다. 우주에 허리를 무겁게 짓눌린 인간은 당연히 고통을 느끼지 않겠는가.

자극제가 없는 노동은 죽음과도 같다. 행동이 가져올 결실을 포기하고 행동하기.

힘이 소진된 상태에서의 노동은 물질과 마찬가지로 시간에 종속된다. 사유가 과거나 미래에 매달리지 못하고 매순간 다음 순간으로 옮겨 갈 수밖에 없기 때문이다. 그것이 바로 복종이다.

피로와 나란히 오는 기쁨. 감각적인 기쁨. 먹기, 쉬기, 일요일의 즐거움… 돈은 아니다.

민중에 관한 시는 그 안에 피로가, 그 피로로 인한 배고픔과 목마름이 들어 있지 않다면 진정한 시가 아니다.

옮긴이의 말

철학적 지성과 기독교적 영성 사이에서,
삶과 고통의 의미를 묻다

시몬 아돌핀 베유Simone Adolphine Weil는 1909년에 파리의 유대계 부르주아 가정에서 태어났다. 부모는 유대교 신앙이나 전통과는 거리가 멀었고, 의사였던 아버지 베르나르 베유는 딸의 회고에 따르면 완벽한 '불가지론' 속에서 자식들을 키웠다. 훗날 수학자로 정수론과 대수기하학 분야에 공헌하게 될 오빠 앙드레 베유와 세 살 터울로 태어난 시몬은 어릴 때부터 몸이 약해서 잦은 병치레를 했다. 시몬 베유의 유년기와 관련하여 신화처럼 전해지는 일화에 따르면, 다섯 살의 어린 시몬은 제1차 세계대전 중 참호에서 지내는 병사들이 설탕 부족으로 고생한다는 이야기를 듣고 자기 몫으로 배급되는 설탕을 군인들에게 보내기 위해 먹지 않았다고 한다. 군의관으로 참전한 아버지의 부임지를 따라다니며 전쟁의 현실을 상대적으로 가까이서 겪어야 했던 현실적 조건과 무관하지 않을 테지만, 어릴 때부터 타인의 고통에 대한 감수성이 남달랐던 것은 분명해 보인다. 1925년에 앙리 4세 고등학교의 고등사범학교 준비반에 들어간 시몬은 그곳에서 '알랭Alain'이라는 필명으로 잘 알려진 철학자 에밀 샤르티에Émile Chartier의 수업을 듣는다. 데

카르트적인 인문주의자로 인간의 의지를 우위에 두는 알랭의 철학은 초기 베유의 사유에 큰 영향을 끼치게 된다.

당시 파리에서 철학교사가 되기 위한 교수자격시험을 준비하던 학생들 사이에 시몬 베유는 이미 뛰어난 학생으로 알려졌고, 검소하다 못해 수도사를 연상케 하는 기이한 복장도 화젯거리였다. 시몬 드 보부아르**Simone de Beauvoir**는 『얌전한 처녀의 초상*Mémoires d'une jeune fille rangée*』에서 소르본 대학 안마당에서 "알랭의 제자 무리" 중에 있던 시몬 베유를 처음 본 날을 이렇게 회상했다. "그녀는 이미 똑똑하다고 소문이 나 있었고 또 괴상한 옷차림도 입에 오르던 터라 관심이 갔다. 중국에서 큰 기근이 일어났다는 소식을 듣고 그녀가 오열했다는 얘기도 들은 적이 있었다. 철학적 재능보다 그 눈물 때문에 나는 그녀가 존경스러웠다." 같은 책에 베유와 한 차례 더 만나 나눈 대화도 등장하는데, 오늘날 가장 중요한 것은 "모든 사람에게 먹을 것을 주는 혁명"이라는 베유의 말에 보부아르는 "중요한 것은 인간들의 행복을 만드는 게 아니라 인간들이 삶의 의미를 찾는 것"이라고 대답했고, 그러자 베유가 정색하면서 "당신은 굶어본 적이 없군요"라고 말했다고 한다. 확고한 자기 세계 속에서 타협을 거부하는 시몬 베유의 신념을 엿볼 수 있는 장면이지만, 동시에 평생 동안 그녀를 따라다닐, 세상과 동떨어져 혼자만의 고집으로 살아가는 오만한 여자라는 평판도 이미 그려진다. 훗날 베유의 대표작이라 할 수 있는 『뿌리내림

L'Enracinement』 영역본에 서문을 쓴 엘리엇T. S. Eliot은 억압된 사람들을 위해 열렬히 투쟁하는 시몬에게서 "인간을 초월한 겸양의 태도"를 발견하고 칭송하면서, 그와 동시에 글 속에 나타나는 "충격적인 오만"을 언급했다. 이러한 양면성은 앞으로 베유를 만나게 될 모든 독자 앞에 놓일, 그녀의 책을 읽어가는 동안 자신의 영혼 상태에 따라 독자가 오가게 될 선택지가 될 것이다.

베유는 1928년에 파리 지성계의 산실인 고등사범학교에 입학하고, 이즈음 생의 마지막까지 따라다닐 두통이 시작된다. 이후 데카르트에 관한 논문으로 고등사범학교를 졸업하고 교수자격시험에도 합격한 스물두 살의 베유는 오베르뉴 지방 르 퓌앙블레의 고등학교 철학교사로 부임하고, 르 퓌의 노동자 파업과 생테티엔 광부들의 노동조합을 지원하며 사회주의 노동운동에 참여한다. 이때도 베유는 르 퓌의 파업 노동자들처럼 최소한으로 먹으며 지내려 애썼고, 월급의 절반을 생테티엔 광부들을 위해 기부했다. 『프롤레타리아 혁명*La révolution prolétarienne*』 등의 잡지에 S. 갈루아S. Galois라는 가명으로 글을 쓰기 시작했고, 마르크스주의를 받아들이면서도 문제점과 한계에 대해 비판적 고찰을 이어갔다. 1932년 여름에는 몇 달 동안 독일에 머물면서 히틀러주의가 대두하게 된 배경을 탐구했고, 소비에트 연방의 이념과 정책에는 깊은 실망감을 느끼게 된다. 이듬해에는 소련에서 추방되어 파리에 온 트로츠키를 만나 러시아 노동자들의 삶의 조건에 대해 열띤 토론을 하기도 했다. 보리스 수바린Boris Souvarine이 창간한 『사회 비평*La critique sociale*』에 실린 「전쟁에 관한 고찰Réflexions sur la guerre」(1933), 『프롤레타리아 혁명』에 실린 「자유와 사회적 억압의 원인에 관한 고찰Réflexions sur les causes de la liberté et de l'oppression sociale」(1934)은 그러한 치열한 탐구의 결실이다. 또한 1933년에 루아르 지방 로안의 학교에 부임한 베유는 학생들을 데리고 소크라테스적 방식으로 자유로운 철학 수업을 진행했는데, 그중 한 학생이 기록한 강의록이 베유의 사후에 『철학 강의*Leçons de philosophie*』(1959)로 출간된다.

산업 사회의 조건과 프롤레타리아들의 노동 조건의 화해 가능성을 모색하던 베유는 이론적 노력이 한계에 부딪히자 1934년에 학교를 휴직하고 직접 노동 현장에 뛰어든다. 파리의 알스톰 전기 회사를 시작으로 앵드르의 제련소, 파리 근교의 르노 자동차 공장 등에서 일하면서 기계의 리듬에 노예가 된 노동의 압박감, 육체적 피로, 불안한 일자리에 대한 두려움 등을 직접 겪었다. 이때 공장에서의 일과를 일지 형식으로 상세하게 기록한 「공장 일기Journal d'usine」는 다른 글들, 편지들과 함께 사후에 『노동의 조건*La condition ouvrière*』(1951)으로 출간된다. 이미 「자유와 사회적 억압의 원인에 관한 고찰」 등에서 노동의 문제를 다루면서 베유는 현대 사회에서 노동자는 더 이상 노동을 통해 자신의 존재 이유를 찾을 수 없고, 일자리를 지켜내느라 모욕적이고 불안한 감정을 갖게 된다고 말한다. 그리고 사유가 배제되지 않은 육체노동을 위해 싸우던 사회주의적 노동운동의 투사에서 종교적 영성을 추구하는 사상가로 변한 베유는 노동의 '영성'에 대해 말한다. 노동은 인간에게 "상승을 위한 사다리로 주어진 가장 소중한 비참함 중 하나"(「노동의 신비주의」)라는 것이다. 어쨌든 베유는 노동의 문제를 철학적 사유 속에 끌어들인, 그리고 직접 체험한 드문 사상가였다. 그 체험에 대해 베유는 훗날 조제프-마리 페랭**Joseph-Marie Perrin** 신부에게 보낸 편지에서 "다른 사람들의 고통이 자신의 영혼과 살 속에 파고드는" 체험이었다고 고백했다.

1936년에 베유의 삶과 사상에서 중요한 전환점이 된 사건이 일어난다. 에스파냐 내전이다. 전쟁은 최대의 악이지만 피할 수 없다면 고통 받는 사람들의 어려움을 나누어야 한다고 믿은 베유는 곧 기자 신분으로 바르셀로나로 가서 무정부주의자들의 부대에 합류했다. 하지만 한 달 반 만에 취사 중 화상을 입는 사고를 당해 귀국해야 했고, 짧은 기간 동안 아군 내에서 목격한 야만이 베유에게 큰 영향을 끼치게 된다. 특히 팔랑헤당에 강제 징집된 열다섯 살 소년을 처형하던 집단적 증오심 앞에서 베유는 깊은 환멸을 느꼈다. 결국 베유는 정신적 스승이던 알랭에게서 받아들인 합리주의적 의지와 결별하고, 귀국 후 다리를 치료한 뒤 떠난 이탈리아 여행 중에 아시시의 성당에서 조토가 그린 성 프란체스코 벽화 앞에서 기독교적 영성을 체험하게 된다. 이듬해에 다시 프랑스 북부의 솔렘 수도원에 머무는 동안 베유는 그리스도의 수난 사상에 심취했다. 일종의 종교적 회심이라 부를 만한 이러한 변화와 함께(베유는 정치 투쟁 중에 정당에 가입하지 않았듯이 끝까지 세례를 받지는 않았다) 인간이 아무리 선을 원해도 악 앞에서 너무 약하기 때문에 스스로를 구원할 수 없다는 깨달음은 이후 베유의 삶을 이끄는 중요한 이정표가 된다. 그와 함께 「바가바드 기타」 등 고대 인도 철학에 흥미를 느꼈고, 오래전부터 매료되었던 호메로스, 소포클레스, 아이스킬로스 등의 그리스 고전도 다시 읽기 시작한다. 이 시기에 쓴 「일리아스 또는 힘의 시 L'Iliade ou le poème de la force」는 힘을 추구하는 현대 문명을 『일리아스』에 그려진 전쟁 이야기를 통해 해석한 글로, 1942년에 문학잡지 『레 카이에 뒤 쉬드*Les cahiers du Sud*』에 발표된다.

1940년에 파리가 독일군에 함락되자 베유의 가족은 비시 정부가 통치하는 남프랑스 자유 지역의 마르세유로 피신한다. 그곳에서 비시 정권에 맞선 지식인들과 함께 『레 카이에 뒤 쉬드』에 글을 썼고, 그중에 자신의 이름을 아나그램으로 바꾼 에밀 노비스Émile Novis라는 필명으로 비시 정권이 유대인에게 가하는 부당한 시책들을 비난한 글도 있다. 베유는 이른바 '마르세유 시절'이라 불리는 이 시기에 접한, 이원론에 기반한 기독교 영지주의 교파인 카타리파 등 프로방스의 문화적 전통에 심취했다. 또한 그곳에서 난민 구제 사업을 이끌던 조제프-마리 페랭 신부에게서 영적 감화를 받게 된다. 귀스타브 티봉 **Gustave Thibon**(친 비시 성향을 지닌 가톨릭 철학자였다)의 아르데슈 농장에서 일할 수 있게 해준 것도 페랭 신부였다. 티봉의 회고에 따르면, 그는 1941년에 "철학교사이고 극좌 운동을 하던 유대인 아가씨가 시골에서 농장 일을 하고 싶어 한다"는 페랭 신부의 편지를 받고 나서 처음에는 별로 내키지 않았지만 시몬 베유에 대한 호기심과 당시의 유대인 박해 분위기 때문에 받아들이게 된다. 베유는 농장에서 온 힘을 다해 일했고, 저녁에는 책을 읽거나 토론을 했다. 심지어 자신이 특혜를 받는다는 생각이 들자 몇 주 후에는 진짜 농업 노동자들 틈에서 일하기 위해 다른 마을에서 포도 수확을 하기도 했다. 이때도 베유는 늑막염 후유증과 오랫동안 앓아온 두통으로 고생하면서도 최소한으로 먹으며 자신의 배급 식량표 절반을 레지스탕스 대원들에게 보냈다. 이후 1942년에 가족과 함께 미국 망명길에 올랐고, 출발 직전에 페랭 신부에게 훗날 『신을 기다리며 ***Attente de Dieu***』(1950)로 출간될 원고를 보냈고, 마지막으로 만난 티봉에게는 『중력과 은총***La pesanteur et la grâce***』(1947)으로 세상에 나오게 될 원고를 맡겼다.

뉴욕에 도착한 베유는 전쟁으로 많은 사람들이 고통 받

는 시대와 동떨어진 안락한 도시에 머물지 못하고 곧바로 가족과 헤어져 런던으로 갔다. 그녀는 드골이 이끄는 '자유 프랑스'에 합류했고, 심지어 직접 프랑스 땅에 들어가서 레지스탕스 활동을 하고 싶어 했지만 건강상의 문제와 유대인이라는 제약 때문에 제지당했다. 그 대신 종전 후 재건 과정에서 프랑스인들이 가야 할 길의 청사진을 그리는 일을 맡았다. 그때 베유가 써나가다가 미완성으로 남긴 원고가 사후에 '인간에 대한 의무 선언의 서곡'이라는 부제와 함께 『뿌리내림』(1951)으로 발간된다. 베유는 이듬해 결핵에 걸려 건강이 악화되면서 영국 켄트주 애슈퍼드의 요양원에 입원했고, 음식을 먹지 못한 채로 사망한다. 베유의 고등사범학교 동기생으로 전기 『시몬 베유의 삶*La vie de Simone Weil*』(1997)(국내에서는 『시몬느 베이유, 불꽃의 여자』라는 제목으로 출간되었다)을 쓴 시몬 페트르망Simone Pétrement에 따르면, 영양실조 상태에서 숨을 거둔 베유의 죽음을 두고 자연사가 아니라는 의혹이 일었지만 병상의 베유는 절대로 삶의 의지를 버리지 않았다. 어쨌든 검시관은 자살로 판명했고, 자살이 금지되어 있었기에 서류상으로는 "기아와 폐결핵으로 인한 심장 근육의 마비"와 "정신착란 증세로 식사를 거부한 끝에 스스로 죽어갔다"고 기록된다. 많은 사람들이 베유의 신념에 대한 또 다른 신화로 믿게 된 것처럼 그녀가 스스로 삶을 버린 게 아니었다면, 혹은 병으로 야기된 착란이 원인이 아니었다면, 죽음을 앞둔 베유의 행동은 아마도 고통 받는 이들을 위해 자기 자신의 것으로는 늘 최소한만을 취하던, 그때까지 살아온 삶의 방식의 연장선에 놓일 것이다.

시몬 베유가 서른네 살이라는 젊은 나이로 생을 마감한 뒤 그녀의 책들이 세상에 나왔다. 제일 먼저 1947년에 귀스타브 티봉이 베유가 맡긴 뒤 다시 찾아가지 못한 열 권이 넘는 공책들에서 단장들을 고르고 각 장에 제목을 달아서 『중력과 은총』으로 출간했고(이후 갈리마르에서 출간한 총 6권짜리 베유의 『전집*Œuvres complètes*』(1989~2006) 중에 마르세유에서 쓴 글들을 모은 4권은 베유의 사상을 편협한 이원론으로 귀결시킬 수 있다는 이유로 '중력과 은총'이라는 제목을 없앴다), 1950년에는 페랭 신부가 그녀가 보내온 편지와 글 들을 묶어 『신을 기다리며』를 출간했다. 이후 시몬 베유의 이름을 알리는 데 가장 크게 기여한 것은 알베르 카뮈Albert Camus, 그리고 카뮈와 절친한 사이로 시몬 베유의 작품을 폴란드어로 번역한 시인 체스와프 미워시Czeslaw Milosz, 영역본에 서문을 쓴 T. S. 엘리엇 같은 작가들이었다. 1947년에 『페스트』로 절망 속에서의 반항과 연대를 그려낸 카뮈는 전쟁으로 황폐화된 시대의 허무주의에서 벗어나기 위해 갈리마르 출판사에서 '희망Espoir' 시리즈를 기획하면서 『뿌리내림』과 『노동의 조건』 외에도 「일리아스 또는 힘의 시」를 비롯하여 그리스 시인과 철학자 들에 관한 글을 모은 『그리스적 근원*La source grecque*』(1953), 베유 스스로 자신의 가장 중요한 글로 꼽았던 「자유와 사회적 억압의 원인에 관한 고찰」을 비롯하여 사회적 문제를 다룬 글들을 모은 『억압과 자유*Oppression et liberté*』(1955), 또한 『역사적·정치적 글들*Écrits historiques et politiques*』(1960), 『과학에 관하여*Sur la science*』(1966) 등 여러 작품을 출간했다. 특히 산업화로 인해 뿌리 뽑힌 노동자와 나치로 인해 민족적 뿌리까지 빼앗긴 프랑스인들이 다시 뿌리내려야 함을 역설한 베유의 책 『뿌리내림』은 "오랫동안 우리의 문명에 관해 쓰인 글 중에 가장 명철하고 가장 고결하고 가장 아름다운 글"이라는 카뮈의 찬사, "우리 시대에 관한 가장 지혜롭고 명석한 책"이라는 한나 아렌트**Hannah Arendt**의 찬사와 함께 '희망' 시리즈의 대표작이 되었다.

물론 베유의 저서들에서 사상의 일관된 체계를 파악하는 것은 쉬운 일이 아니다. 베유가 거쳐온 노동운동, 가톨릭 신앙, 민족주의적 애국심 자체가 한 곳으로 수렴되기 힘들어 보이기까지 한다. 게다가 그녀는 극좌파 노동운동에 뛰어들었으면서도 공산주의는 파시즘과 마찬가지로 인간을 억압하는 제도라고 주장했고, 가톨릭 교리에 대해 질문하면서 그 답을 토마스 아퀴나스를 넘어 신앙의 '어두운 밤'을 노래한 십자가의 성 요한에서 구했다. 그리스 철학(때로는 고대 이집트와 인도 사상) 역시 베유에게는 신앙의 신비를 설명하는 한 가지 길이었다. 무엇보다 베유의 저서 대부분이 생전에 출간을 염두에 두고 완성한 책이 아니기 때문에 저자의 '의도'를 파악하기 더욱 어렵다. 그중에서도 베유가 농장 일을 하면서 매일 저녁 써내려간 수많은 단장들을 고르고 분류해 묶어서 각 장의 제목을 붙이는 일까지 제3자의 손으로 완성된 『중력과 은총』의 경우는 그러한 특성이 더욱 두드러질 수밖에 없다. 게다가 단장들의 나열이라는 책의 형식적 특성까지 더해지면서, 때로 한 단장이 다른 장에 포함되거나 각 장 안에서 단장들의 순서가 바뀌어도 무관할 정도이다. 또한 완전한 문장이 아닌 명사, 부정법, 구 형태가 많이 등장하고 목적어 등 문장 요소가 자주 생략되어 문장의 의미 자체가 함축적인 경우도 많다(게다가 '중력' 외에도 '에너지의 손실' '제곱' '엔트로피의 법칙' 같은 자연과학의 용어들도 자주 사용된다). 그럼에도 불구하고 『중력과 은총』이 베유의 작품 중에서 독자들의 각별한 사랑을 받을 수 있었던 것은 때로 독자들을 길 잃게 하며 인내를 요구하는 텍스트의 특성이 오히려 베유의 목소리에 절대의 허공에 울려 퍼지는 영혼의 외침 같은 매력을 부여하기 때문일 것이다.

『중력과 은총』은 제목 그대로 밑으로 끌어내리는 중력에 맡겨진 인간의 불행과 초자연의 빛인 은총을 통한 구원이라는 기독교적인 주제에서 출발한다. 물론 이는 '죄가 많은 곳에 은총이 있다'는 기독교적 구원관을 잇는 것이기도 하지만, 이 책은 종교적 수상록이라기보다는 기독교적 비극성에서 출발하여 모든 인간이 처한 근본적 삶의 조건을 파헤친 인간 탐구의 기록이라고 말할 수 있다. 체계적인 철학적 추론 대신 짧고 함축적인 단장들 속에 주어진다는 한계에도 불구하고 책 속에 펼쳐진 사상들을 정리해보자면, 베유에게 있어서 사실상 하나라고 말할 수 있을 그리스적 근원과 기독교적 영성이라는 두 가지 기둥이 중심을 이룬다. 베유는 그리스 비극의 근원이 트로이의 멸망에 있다고 본다. 트로이인들이 뿌리내리고 살아가던 도시를 파괴한 그리스인들은 눈앞에 펼쳐진 폭력 앞에서 고통과 후회를 느꼈고, 그런 감정이 비극을 낳았다는 것이다. 또한 우주의 조화, 소우주로서의 인간, 정화, 비례 등 피타고라스의 자연철학과 『국가』『정치가』 등에 나타난 플라톤의 사상은 『중력과 은총』의 철학적 기반을 이룬다(베유에게 아리스토텔레스의 이론은 그리스를 잘못 계승한 로마만큼이나 나쁘다). 특히 『중력과 은총』에서 가장 중요하게 사용된 개념은 '거대한 짐승'과 '메타크쉬'(중간적인 것)이다. 각기 『국가』와 『향연』에서 사람들이 순종하는 사회적인 힘, 반대되는 두 가지의 '가운데'를 지칭한 그 개념들을 통해 베유는 자연과 초자연, 선과 악을 설명한다. "악에 대한 공포를 제거함으로써 악을 정화"(「거대한 짐승」)해주는 사회라는 거대한 짐승을 받아들임으로써 사회적인 합의가 주는 실재감 혹은 의무감에 순응하는 것은 "은총의 모방"이다. 우리가 추구해야 할 것은 "악에 반대되는 것으로서의 선"이 아니라 "절대로서의 선"이다. "절대는 반대를 갖지 않는다. 상대는 절대의 반대가 아니라 절대로부터 파생"되기 때문이다. 우리는 "악에 대해 공포를 느끼면서, 동시에 악을 신의 뜻에서 비롯된 것으로 사랑"(「거대한 짐승」)하면서 살아가야 한다.

플라톤의 철학이 종교적 영성에 맞닿는 것처럼, 베유에게 올바른 종교는 철학의 지성이라는 틀로 걸러낸, "철학적으로 청소된"(「지성과 은총」) 종교이다. 진정한 신은 모든 위안을 거부하는 신이며, 그래서 우리는 "불멸성에 대한 믿음, 죄의 효용성에 대한 믿음, 모든 일을 관장하는 신의 섭리가 있다는 믿음, 한마디로 사람들이 종교에서 얻으려 하는 위안들"(「집착에서 벗어나기」)을 거부해야 한다. 베유가 보기에 가톨릭 신앙만이 그런 힘을 줄 수 있다. 프로테스탄티즘은 신앙의 신비를 받아들일 수 없기 때문이다. 신앙의 신비는 한 걸음 더 나아가 카타리파 영지주의의 선악관으로 이어진다. "선만을 원하는 것은 빛을 받는 물체와 그 그림자가 연결되듯이 선과 악은 연결되어 있다는 법칙에 어긋난다"(「모순」)는 말은 그래서 나온다. 범속한 신앙보다는 무신론이 나은 것 역시 같은 이유에서이다. "무신론은 정화 작용을 한다. 내 안에서 신을 위해 만들어지지 않은 부분으로서는, 나는 무신론자여야 한다"(「무신론의 정화」). 따라서 사실상 현세의 주권자였던 구약의 신은 옳지 않다. 그런데 기독교에 관한 베유의 입장은 그녀가 로마와 함께 가장 적대시했던 유대교에 이르면 이전까지 나름의 논리로 이어지던 학문적인 기반이 흔들리기도 한다. "도망 다니는 노예의 민족이자 다른 문명이 가꾸어놓은 낙원의 땅을 정복한 민족, 그 문명을 이룩하는 데 조금도 참여하지 않았으면서 오히려 학살하고 파괴한 민족"(「이스라엘」)이라는 단호한 말들은 스스로 유대인이었고, 물론 민족적 동질성 때문이라기보다는 부당한 박해를 거부하기 위해 유대인들 편에서 싸우기까지 했던 베유였기에 더욱 역설적으로 보인다(어떤 이는 그녀에게서 정체성이 분열된 '자기 증오'를 보기도 했다). 수많은 유대인을 고통 속에 몰아넣었던 반유대주의에 가까운 이런 시각은 엠마뉘엘 레비나스Emmanuel Levinas로부터 유대교 사상을 이해하지 못한 채로 맹목적인 공격을 했다는 비난을 받기도 했다.

독자들을 사로잡은 『중력과 은총』의 가장 큰 매력은 사막에서 외치는 선지자를 떠올리게 하는 베유의 목소리였다. 베유가 말하는 은총과 초자연은 물질계의 자연법칙을 벗어난 상태이다. 빈자리를 용납하지 않는 자연과 달리 "은총은 받아들이기 위한 빈자리가 있는 곳에만 들어온다." 그리고 "그 빈자리도 은총이 만든다"(「빈자리를 받아들이기」). 베유는 무엇보다 중력에 끌려가는 인간들의 본성에 대해 말한다. "누군가 우리에게 해를 끼치면 우리 안에서 반응들이 일어난다. 복수의 욕망은 기본적인 균형을 되찾으려는 욕망이다"(「빈자리와 보상」). 그리고 베유는 물질적인 것에 집착하는 현대 문명을 비판한다.

"집단적인 사고는 사고로 존재할 수 없기 때문에 사물들로 옮겨 간다. 그로 인해 역설이 가능해진다. 즉, 이제 사물이 생각하고 인간은 사물의 상태로 환원된다"(「대수학」). 또한 그런 현대 사회와 결탁해버린 마르크스주의와 기독교도 비판한다. "마르크스주의자들과 19세기 전체가 범한 가장 큰 오류는 정면을 향해 걸어가기만 했으면서 하늘로 날아올랐다고 믿은 것이다"(「사회의 조화」). "교회처럼 신성을 주장하는 사회는 그것을 더럽히는 악보다는 그 안에 들어 있는 선의 대용품 때문에 더 위험하다"(「거대한 짐승」). 나아가 죄 없이 겪는 고통에 관해 말할 때면 베유의 목소리는 선지자를 넘어 순교자의 목소리가 된다. 그녀가 구약성서에서 이사야와 함께 드물게 사랑하는 인물인 욥은 죄 없이 겪는 고통의 상징이다. 트로이 역시 마찬가지다. "고통의 외침. '왜?' 『일리아스』 전편에 울려 퍼지고 있다. 고통의 이유를 설명하는 것은 그 고통에 대한 위로이다. 고통은 이유가 설명되지 않아야 한다"(「우리가 사랑해야 할 이는 부재한다」). 욥과 트로이의 고통은 예수의 십자가로 완성된다. 그것이 바로 강생과 영성체의 신비이다. "죄 없이 고통 받는 자는 악 위에 구원의 빛을 퍼뜨린다"(「십자가」).

『중력과 은총』은 함축적인 아포리즘 형태로 때로는 서정적이고 때로는 신비적인, 또 때로는 독기 어린 신랄한 말을 던진다. 그 앞에서 어떤 이는 숭고함을 느끼고, 반대로 어떤 이는 불편함을, 또 어떤 이는 극도의 무질서를 느끼기도 한다. 수전

손택Susan Sontag은 시몬 베유와 관련하여 "히스테리적 불온함"을 언급하며, 우리를 둘러싼 모범적인 삶들 중에 모방하고 싶은 욕구를 불러일으키는 삶이 아닌 다른 유형, 즉 "혐오와 연민과 경의가 뒤섞인 상태로 거리를 두고 바라보게 되는 삶"에 대해 말한다. 모든 삶이 자기 자신에게는 '예외적인' 삶일 테지만, 사실 시몬 베유의 예외적인 삶이 낳은 신화는 유럽 사회가 오랫동안 믿어온 합리성과 진보가 부조리한 전쟁 속에서 무너져버린 시대적 상황 속에서 온전한 의미를 띨 것이다. 스스로 인정하지 않는 가치들과의 타협을 거부한 치열함, 억압받는 노동자의 현실을 직접 몸으로 체험하는 진정성, 서른네 살로 끝난 짧은 삶의 비극성이 독자들로 하여금 베유의 사후에 제일 먼저 출간된 이 책을 절망에 내던져진 시대의 어둠을 밝혀줄 빛으로 받아들이게 했을 것이다. 그리고 지금, 노동자를 극한의 노동 조건으로 내모는 자본과 기계화의 그늘이 더욱 짙어지고 인간을 길들이는 사회적 힘의 지배는 더욱 공고해진 오늘날, 일상성이라는 견고한 보루 속에서 살아가는 우리가 선지자나 순교자가 되지 않고서도 여전히 삶의 의미를 생각할 수 있기 위해서는 이런 집요한 자기 탐구의 치열함 혹은 불온함을 견뎌야 할지도 모른다. 올라가기 위해 중력의 십자가에 몸을 매단 시몬 베유의 절규에 공감하느냐 귀를 막느냐는 이제 온전히 독자의 몫으로 남아 있다.

윤진